虫洞书简

给青少年的240个高分作文金句

9

王溢嘉◎著

台海出版社

北京市版权局著作合同登记号：图字 01-2023-1018

图书在版编目（CIP）数据

虫洞书简 . 9, 给青少年的 240 个高分作文金句 / 王溢嘉著 . -- 北京：台海出版社，2023.5
ISBN 978-7-5168-3551-7

Ⅰ . ①虫… Ⅱ . ①王… Ⅲ . ①作文课—中学—教学参考资料 Ⅳ . ① B84-49 ② G634.343

中国国家版本馆 CIP 数据核字（2023）第 072964 号

虫洞书简 . 9, 给青少年的 240 个高分作文金句

著　　者：王溢嘉

出 版 人：蔡　旭　　　　　　　　　封面设计：异一设计
责任编辑：魏　敏

出版发行：台海出版社
地　　址：北京市东城区景山东街 20 号　邮政编码：100009
电　　话：010-64041652（发行，邮购）
传　　真：010-84045799（总编室）
网　　址：www.taimeng.org.cn/thcbs/default.htm
E-mail：thcbs@126.com

经　　销：全国各地新华书店
印　　刷：三河市嘉科万达彩色印刷有限公司
本书如有破损、缺页、装订错误，请与本社联系调换

开　　本：880 毫米 × 1230 毫米　1/32
字　　数：157 千字　　　　　印　张：8.25
版　　次：2023 年 5 月第 1 版　印　次：2023 年 5 月第 1 次印刷
书　　号：ISBN 978-7-5168-3551-7

定　　价：49.80 元

越嚼越有劲、越香甜的生命之根

我从少年时代起，就零星读到一些文辞优美而又含有深意的隽语，譬如"交友须带三分侠气，做人要存一点素心""孤云出岫，去留一无所系；朗镜悬空，静躁两不相干"等，发现它们的出处都是《菜根谭》。

成年后，我不免好奇地买了一本来瞧瞧。翻阅之后，才知道它是明朝万历年间出版的一本格言录，可说字字珠玑，比西方的《沉思录》更加言简而意深，也比时下的"心灵鸡汤"更能启迪心智。更难能可贵的是，它不只兼容儒、释、道三种文化基因，还将它们融为一体，成为底蕴深厚而又充满生机、有为有守而又淡定清闲的人生指南，难怪自问世后的几百年间，一直畅销不辍，广受各界人士的喜爱。

《菜根谭》的作者洪应明，是个谜一样的人物，从现有资料中只知他"字自诚，号还初道人，幼慕纷华，晚栖禅寂"，应该是一个在红尘中打过滚，饱经风霜，而后看破世情，返璞归真的有道之士。《菜根谭》可以说是他从人生阅历中析理出来的智慧结晶，之所以会以"菜根"为名，乃因菜根原本味道苦涩，但在用盐腌制、发酵后，去除苦涩，冲掉盐分，在阳光中晾干，即成深具嚼劲，越嚼越能逼出香气的美味佳肴。《菜根谭》正是洪应明在咀嚼人生后，用心去其苦涩，让我们在品尝后能齿颊留香的好滋味。

我近月来重读《菜根谭》，觉得它不仅没有因时代的变迁而出现扞格，反而让我随着年岁的增长而有不同的领悟。它就像一个历久弥新的智慧金库，不同时代、不同年纪的人都可以从中撷取自己生命需要的养分。有鉴于此，我将自己品尝洪应明的这些老菜根后所体会的新滋味写成本书，与读者们分享。我的品尝或我的书写，有下面三个要点。

第一，原书有三百五十多则隽语，没有分类，前后也无明显脉络。我从中撷取精髓，并将它们分为淡雅清闲的喜悦人生、随缘适性的自然真境、光明自在的活泼心念、破迷除障的红尘修行、真挚宽容的人我关系、谦让无愧的处世之道六大辑，每辑各四十则，让大家在阅读时能有较清晰的结构与脉络感。

第二，除了将一些原文中的句子翻译为流畅的白话文外，我还在每则后都附加一段题为"金句解读"的短文，简述我在品尝后联想到的相关事例、见解或个人感触，希望能因此而丰富它们的意义，也更适合现代人的口味。

第三，洪应明的说法虽然精辟，但还是有少数是我碍难同意的（这样才正常）。对此，我除了考虑它们可能的文化与时代因素外，也提出于我而言更具说服力的当代客观研究和新观点，给读者们做参考。当然，谁说得更有道理或更适合自己，也还请读者自行领会。

菜根不只越嚼越有劲、越嚼越香甜，它还有另一个隐义：所有的东西都有它们各自的根，菜有菜根，每个人的人生也都有它的根——一是父母给我们的遗传基因，二是我们后天形成的各种观念；前者难以改变，但后者则有赖自己培养。《菜根谭》里有很多人间修行、待人处世的精辟观点及做法，若能好好地消化吸收，正可以厚植与壮大自己生命的根茎。

王溢嘉

二○二一年十一月

目录

〰〰　**辑三　光明自在的活泼心念**

≋ **辑五 真挚宽容的人我关系**

辑一　淡雅清闲的喜悦人生

如何度过此生，由你决定

岁月本长，而忙者自促；天地本宽，而鄙者自隘；风花雪月本闲，而劳攘者自冗。

岁月本来悠长，是忙碌的人自己让它变得短暂；天地本来宽阔，是卑下的人自己让它变得狭隘；风花雪月本来很悠闲，是劳虑的人自己让它变得多余。

【金句解读】

有人以为保持忙碌，一天当作两天用，一辈子就会变成两辈子。其实，太过忙碌反而会使寿命变短。悠闲慢活，才能充分品尝岁月之悠长与乐趣。

家乡很大，世界更是宽阔，但你为什么一天到晚都在一个小圈子里兜来转去？找些时间去看看不一样的地方、人与事吧！说不定会因此得到改变人生的契机。

人生当然不是只供享乐，但更不是只为了工作。适当地风花雪月一下，放松与犒赏自己，能让你工作更有效率、人生更惬意。

生命是自己的，要如何度过此生，由你自己决定。

你可以选择更高更好的人生

晴空朗月，何天不可翱翔，而飞蛾独投夜烛；清泉绿竹，何物不可饮啄，而鸱鸦偏嗜腐鼠。噫！世之不为飞蛾鸱鸦者，几何人哉？

晴空万里，明月高照，哪个地方不能任意翱翔？而飞蛾却偏偏要扑向夜里的烛火；清泉流水，绿竹野果，哪种东西不能饮食？而猫头鹰却偏偏爱吃死老鼠。唉！世界上能不像飞蛾、猫头鹰那样的人又有几个呢？

【金句解读】

飞蛾独投夜烛，鸱鸦偏嗜腐鼠，让人觉得它们目光如豆、执迷不悟、品位低下。其实，飞蛾和鸱鸦之所以如此，纯粹是来自它们的生物本能，本身并没有什么选择余地。但具备认知能力，拥有选择权利，可以海阔天空的人类，如果像飞蛾和鸱鸦一样，一味地往死里扑、朝臭里钻，不想回头，不知道自己还有更多、更好的机会与可能，那真的就比这些动物还悲哀了！

美景无限，你却被名利缠缚

世人为荣利缠缚，动曰："尘世苦海。"不知云白山青，川行石立，花迎鸟笑，谷答樵讴，世亦不尘，海亦不苦，彼自尘苦其心尔。

世人被名利缠绕束缚，动不动就说："尘世是个苦海。"却不知道白云映照青山，流水不断、涧石林立，鲜花伴着鸟儿欢唱，山谷回应樵夫的歌声，都是人间胜景。世界一点也不俗，人生一点也不苦，那些说"尘世是个苦海"的人，只不过是自己的心被束缚而自讨苦吃罢了。

【金句解读】

苏东坡写道："惟江上之清风，与山间之明月，耳得之而为声，目遇之而成色，取之无禁，用之不竭，是造物者之无尽藏也，而吾与子之所共适。"天地间美景无限，但你必须有眼光、有心情、有时间去欣赏、嬉游。如果你的眼光、心情和时间都被名利与琐事束缚，那也只能怪自己为什么要把人间变成苦海与恶地了。

要为不虚度此生而及早谋划

天地有万古，此身不再得；人生只百年，此日最易过。幸生其间者，不可不知有生之乐，亦不可不怀虚生之忧。

天地万古长存，而生命只有一次。人生最多活百年，与天地相比只是一瞬间。有幸生在世间，不可不知活着的乐趣，也不可不对虚度此生心怀担忧。

【金句解读】

"人生只百年"，似乎有些短，可叹的是绝大多数人还没活到一百岁，就在半途陨落。但智者有言："重要的不是生命的长度，而是生命的深度和广度。"生命的长度也许不是我们能决定的，但生命的广度和深度却可以靠自己去经营。

生年不满百，却"常怀千岁忧"，这又忧虑过了头。但忧虑恐"虚度此生"则是明智的，对于自己这唯一可控的人生，还是要及早做些规划，未雨绸缪。因为我们总是老得太快，却聪明得太晚。

人生要惬意，心态很重要

有浮云富贵之风，而不必岩栖穴处；无膏肓泉石之癖，而常自醉酒耽诗。

能有视富贵如浮云的风范，又何必到深山岩穴中隐居？没有沉溺于山光水色的癖好，独自喝酒吟诗，也能经常有悠然自得的乐趣。

【金句解读】

俗语说："小隐隐于野，中隐隐于市，大隐隐于朝。"悠然自在的生活并不一定要到深山岩穴、林泉野地才能体会，心灵净土只存在于自己的心中，只要有一颗宁静自得的心，不管身在哪里、做什么事，都能让人悠然自在。

而所谓"泉石膏肓，烟霞痼疾"，沉溺于烟霞泉石，想天天与之为伍的癖好，看似高雅，其实更像是病入膏肓、无药可医的痼疾，令人感到头痛与为难，还不如在穷街陋巷或明窗净几前，自个儿饮酒赋诗，来得适心惬意。

每天都要有快乐的时候

疾风怒雨，禽鸟戚戚；霁月光风，草木欣欣。可见天地不可一日无和气，人心不可一日无喜神。

在狂风暴雨的时候，飞鸟即会惊惶不安；在风和日丽的时候，草木也跟着欣欣向荣。可见天地间不能一天没有和煦的气氛，而人也不可以一天没有快乐的心情。

【金句解读】

最后一句的意思并非要人每天从早到晚都保持快乐的心情，而是说，我们尽管每天会遇到很多人和事，而产生各种不同的情绪，但不管多么愤怒、悲伤或消沉，多么快乐不起来，都还是要挪出时间，找个地方自个儿或和朋友做一些愉快的事，让自己欢乐一下，用以调剂自己的身心。每天拥有快乐的次数越多、时间越长，就越能帮助你恢复更多的活力。

心静身闲，看透荣辱是非

此身常放在闲处，荣辱得失，谁能差遣我？此心常安在静中，是非利害，谁能瞒昧我？

如果能经常将自身放在清闲的地方，那么世间的荣辱得失岂能左右得了我？如果能经常把心思放在安静的处所，那么人间的是非利害又怎能蒙骗得了我？

【金句解读】

唯有静止的水面才能如实反映万物，也唯有清静的心灵才能对外界的人与事有适当的认知，而不会被我们的情绪或成见所扭曲。王维有一首诗，其中两句是："人闲桂花落，夜静春山空。"清闲、安静的情境与心境，不只能让我们听见桂花落地的声音，而且能放空一切的荣辱得失。而在心灵常葆清闲、安静的情况下，就像王籍的另两句诗："蝉噪林逾静，鸟鸣山更幽。"外在的是非利害不仅不再骚扰我，反而能使我更闲静地看透它们。

真味只是淡，至人只是常

醲肥辛甘非真味，真味只是淡；神奇卓异非至人，至人只是常。

浓酒、美食、辣味、甜品都不是真正的滋味，真正的滋味只是"淡"。拥有神奇特异才能的人也不是最高超的人，最高超者的生活只是"平常"。

【金句解读】

朋友来我家这边出差，请他吃饭，久了才透露，说不要再请他吃江浙菜了，因为他吃惯了重口味的川菜，对味道偏淡的江浙菜，实在品尝不出什么滋味。这让我想起老子说的"五味令人口爽"，但吃得过重过量，反而会让味觉麻痹，无法再分辨、享受其他较清淡的美味。所以，在平日里，我们也要过过清淡的生活，时不时品尝一下较重的口味，这样才是理想的摄生之道。

"平常心是道"。能安安心心过着平平淡淡的生活，就是在身体力行至道的人，是最高超的人，因为平常就是最难以持续的境界。

对忙与闲做适当的比例安排

人生太闲，则别念窃生；太忙，则真性不见。故士君子不可不抱身心之忧，亦不可不耽风月之趣。

人的生活太过悠闲就会暗地里产生杂念，过于忙碌就会蒙蔽纯真本性。所以君子不可不抱持对身心健康的忧虑，也不可不懂得吟风弄月的乐趣。

【金句解读】

人生之所以让人觉得丰饶，正因为它有乐也有苦、有忙也有闲、有红也有绿、有忧也有欢、有繁也有简、有黑也有白、有快也有慢。在两极对比中，太过强调某一种人生，其实都是偏颇而又无趣的。真正丰饶、活泼、有味的人生，则是在对乐与苦、忙与闲、红与绿、忧与欢、繁与简、黑与白、快与慢的比例与顺序间，做一种最能符合自己心意的适当安排或调整。

不在天长地久，而在曾经拥有

树木至归根，而后知华萼枝叶之徒荣；人事至盖棺，而后知子女玉帛之无益。

树木到了落叶归根化为腐土，才会懂得以前的枝叶茂盛、花朵鲜艳，只不过是徒劳的荣华；人也一直到死后进入棺材，才会知道子女、钱财毫无用处。

【金句解读】

虽然明知人的一生到头来，一切都将归于空无，而只能让人发出徒劳无益的喟叹，但就像善能禅师所说："不可以一朝风月，昧却万古长空；不可以万古长空，不明一朝风月。"跟万古长空相较，我们的生命不过是"刹那生灭"，但即使非常短暂，毕竟也有一番"风花雪月"。而且正因为只有"一朝"，所以才显得更迷人，更加值得珍惜。换句话说，纵然生命到最后只是一场空，但重要的是过程，生命的价值不在天长地久，而在曾经拥有；即使是一场空，也要空得很光彩、有意义。

不求精美，但求能品味真趣

茶不求精而壶亦不燥，酒不求洌而樽亦不空，素琴无弦而常调，短笛无腔而自适。纵难超越羲皇，亦可匹俦嵇阮。

喝茶无须讲究名茶，只要茶壶不干即可；饮酒也不必非得名酒，只要酒杯不空就好。无弦琴虽奏不出乐曲，却可调剂我的身心；无孔笛虽吹不出曲调，却能让我舒畅自得。如果能这样的话，即使不能超越伏羲和黄帝（三皇五帝），也可以媲美嵇康与阮籍（竹林七贤）了。

【金句解读】

日常生活中的口腹眼耳之欲需要得到适当的满足，才能让人感觉活得有滋味，但重点不在讲究东西的名贵与高雅，而是要能从中获得人生真正的趣味。想要得到真正的趣味，和什么人，又是在什么样的情境中一起品尝共享，恐怕要比那些茶酒琴笛是否名贵更重要。

寻常生活才是真正的安乐窝

有一乐境界，就有一不乐的相对待；有一好光景，就有一不好的相乘除。只有寻常家饭，素位风光，才是安乐的窝巢。

有一个快乐的境界，就会有一个不快乐的境界在对应它；有一个美好的光景，就会有一个不好的光景来抵消它。只有普通的家常便饭，安于本分的生活光景，才是真正的安乐窝。

【金句解读】

这个观点让我想起"自然主义之父"卢梭在《忏悔录》里说过，他当初如果不离开家乡，而是像父亲一样做个普通的钟表匠以终，或者在他流浪的某个时候安定下来，做个地籍调查员，而不要到巴黎去，成为受人崇拜的英雄，那他的人生可能会比较幸福。因为他发现大多数欢乐的背后都隐含了不安和痛苦，继声名而来的则是各种恶意的攻讦和猜忌。他只是变得比较"复杂"而已，并没有变得比较"幸福"。

以简驭繁，从有限领略无限

会得个中趣，五湖之烟月尽入寸里；破得眼前机，千古之英雄尽归掌握。

能够领会天地间所蕴含的机趣，那么五湖四海的景色都可以蕴含在我心中；能识破眼前的机用，那么古今的英雄豪杰都可以由我掌握。

【金句解读】

英国诗人布莱克有一首诗："从一粒沙看到整个世界，从一朵花看到一个天堂。无限掌握在我的手掌心，刹那即永恒。"这跟佛家的偈语"尝海一滴，知百川味"有异曲同工之妙，都是从"一"里领悟"一切"的修为。

个人的人生有限，我们不能在有限的时光里经历一切，而只能从有限的经验和阅读里，去领会或剖析其他类似的事物也蕴含的共同道理，也就是从"殊相"里找到"共相"，掌握其中的奥义。然后才能化繁为简，或以简驭繁，从有限的人生里体会无限的趣味。

享乐与工作，都要适可而止

笙歌正浓处，便自拂衣长往，羡达人撒手悬崖；更漏已残时，犹然夜行不休，笑俗士沉身苦海。

当歌舞正精彩的时候，能够拂衣离去，这种悬崖勒马、猛然回头的豁达，真是让人羡慕；天都快亮了，却仍在忙着赶夜路，这种身陷苦海却浑然不知的俗人，真是让人觉得可笑。

【金句解读】

不管是享乐或工作，都要适可而止，为自己预设一个停止点，到了某个时间或进行到某种程度，就立刻毫不迟疑、不再留恋地终止，休息或改做其他活动。这是一种时间管理，更是一种自我管理。管理得当，不仅能让你在一天里从事更多不同的活动，而且可以让你工作得更有效率，也能更尽情地享乐。

善用生活各层面的减法

人生减省一分，便超脱一分。如交游减，便免纷扰；言语减，便寡愆尤；思虑减，则精神不耗；聪明减，则混沌可完。彼不求日减而求日增者，真桎梏此生矣。

生活在世间，事情能减少一分，精神就能超脱一分。减少社交应酬，就能减免纷争困扰；话说得少一些，说错话带来的麻烦也就少一些；减少各种思虑，就不会消耗太多精神；收敛一分聪明才智，就能保全一分天真自然。现在的人每天不求事情少，反而渴望事情愈多愈好，活像戴着手铐脚镣，在不自由中度过此生。

【金句解读】

王阳明说："吾辈用功，只求日减，不求日增。"这种说法很可能是受到老子与禅宗的影响。但所谓"减"，并不是一切都"减"，老子虽然说"为道日损"，但也说"为学日益"，对生活所需的知识和技能，我们要多多学习和提升。所以，人生什么事情该用"减法"，什么事情又该用"加法"，大家最好自己心里有个底。

人世短暂而渺小，有何可争

石火光中争长竞短，几何光阴？蜗牛角上较雌论雄，* 许大世界？

在电光石火般的短暂人生中争长竞短，能有多少光阴可用？在蜗牛角般的狭小空间里争雄论雌，能有多大世界可争？

【金句解读】

"石火光中"典出《景德传灯录》，燧石相互撞击所发出的一闪即逝的火光，用来比喻人生的瞬息即逝，在这么短的时间里，有什么好竞争的呢？"蜗牛角上"典出《庄子·杂篇·则阳》，分处蜗牛两个角上的两个国家为了小事而打得天昏地暗，暗讽在这么小的世界里有什么好较量的呢？

洪应明借佛家与道家的这两个故事提醒世人，在广博的大千世界里，我们的人生犹如泡沫般短暂与渺小，与其跟人家争得头破血流，不如好好珍惜自我。

少一点物欲，多一些雅事

心无物欲，即是秋空霁海；坐有琴书，便成石室丹丘。

心中如果没有物欲，心境就能像秋天的碧空、宁静的大海般安适；日常起居若有琴棋诗书相伴，也就无异于神仙的居所。

【金句解读】

理想的生活来自内在与外在的两个要件：内在条件是心中没有太多物质的欲望，这样你就比较容易得到满足，而更经常有愉快的感觉。外在条件是居家要有琴棋书画等优雅的布置或配备，最好还能有得趣的友人三不五时来相聚，那么日常生活里就能平添很多乐事。

要做到这两点，对你我来说，其实都不是什么困难的事，关键在于你有没有那份心，愿不愿意将它付诸行动。

从小地方发现大情趣

　　得趣不在多，盆池拳石间，烟霞俱足；会景不在远，蓬窗竹屋下，风月自赊。

　　想要得到生活的情趣，无须拥有太多。即使在盆子般的小水池和拳头似的小石头间，都具备了烟霞缭绕的意境；想要欣赏美丽的风景，也不必去遥远的地方，即使在简陋的草窗竹屋下，自然有清风明月与我们常相伴。

　　【金句解读】

　　尘世间充满各种神奇美好的事物，正耐心等待我们的知觉变得更加敏锐。

　　达·芬奇从墙角的污渍里看到美丽的山水与战争的场面；梭罗从蚊子的嗡嗡声里听到荷马的哀思，觉得那是蚊子中的奥德赛，在他耳边吟唱它的愤怒与漂泊。

　　不要怪这个世界太沉闷无趣，要怪也只能怪你没有诗人或艺术家般敏锐的知觉和想象力。只要发挥一点想象力，从不起眼的小地方就可以发现生活的大情趣。

将平淡视为喜悦的人生观

悠长之趣，不得于浓酽，而得于啜菽饮水；惆恨之怀，不生于枯寂，而生于品竹调丝。固知浓处味常短，淡中趣独真也。

能维持久远的趣味，并不是从浓烈的美酒中得来，而是来自粗茶淡饭；哀伤惆怅的情怀，并非来自无聊寂寞，而是产生于声色的欢乐中。由此可见，从美食声色中获得的趣味经常很短，从粗茶淡饭中获得的趣味才显得真实。

【金句解读】

在人的一生中，甜蜜而美妙的时刻总是非常短暂，其他大部分的时间都是平淡而无趣的。有人因此认为，要把那些平淡日子当作美妙时刻的准备或酝酿阶段，这样才较能忍受。但其实，一个人要想经常觉得快乐与满足，就必须对那些平淡日子里所做的平淡事情感到喜悦，因为那才是每个人大部分的人生。这种能将平淡视为喜悦的人生哲学，才是我们真正需要的。

快心之事，五分才无殃悔

爽口之味，皆烂肠腐骨之药，五分便无殃；快心之事，悉败身丧德之媒，五分便无悔。

美味可口的山珍海味，都是伤害肠胃、腐蚀筋骨的毒药，但只要控制吃个五分饱，就不会带来灾厄；世间所有让人称心如意的美事，都是诱人走向身败名裂的媒介，但凡事只求五分满意，就不会造成事后的懊悔。

【金句解读】

这个"五分"，看似是理想的中庸之道，但不管是"五分"或"七分"，都只是一种文学式的描述或主观感觉。凡事有利就有弊，有乐就有苦，如果只想得利而不想有弊，只要快乐而不要痛苦，其实也只是一种偏颇、难以实现的梦想。一个明智而可行的办法是，我们要根据自己的情况，因时因地，对各种美事与乐事做适当比例的安排，适可而止，才能在享受乐与美的同时，将弊与苦降到最低。

花未全开月未圆，意境更优雅

花看半开，酒饮微醉，此中大有佳趣。若至烂漫酕醄，便成恶境矣。履盈满者，宜思之。

看花要看它迎风半开的模样，喝酒要喝到略带醉意的程度，这时候最能享受个中的美好趣味。如果等到花开得绚烂或酒喝得酩酊大醉，那就成了窘恶的境地。事业已经到巅峰阶段的人，最好能多想想其中的道理。

【金句解读】

"花未全开月未圆"，据说是曾国藩的座右铭，因为它们能让人有所期待，有所憧憬。月圆则亏，好花盛开后，接下来就是枯萎。曾国藩将他的书房取名为"求缺斋"，并非刻意要去追求残缺，而是不必以追求圆满为人生的最高境界。如能安于有所欠缺、有所不足，那便是更理想、更优雅与更值得欣赏的人生境界。

凡事做到十足，接下来只有衰危

爵位不宜太盛，太盛则危；能事不宜尽毕，尽毕则衰；行谊不宜过高，过高则谤兴而毁来。

一个人的官位爵禄最好不要太高，太高就会使自己面临危险；一个人的才干不宜一下子全部发挥出来，发挥殆尽后就会开始走下坡路；一个人的品行也不宜显得太高，太高就会遭到诽谤和中伤。

【金句解读】

在传统的二十四节气里，有小暑就有大暑，有小雪就有大雪，有小寒就有大寒，唯独小满缺了大满，这其实反映了古人的一种生命智慧。不管是对己、对人或对事，能有小小的满意就好，要懂得适可而止、留有余地，才是惬意、自在、有容、对未来充满期待的人生。想要有十足、全部、到了头的满意，接下来必然只有衰败、危险和悔恨。

有诗意与禅味的真生活

一字不识，而有诗意者，得诗家真趣；一偈不参，而有禅味者，悟禅教玄机。

不识字但说起话来却有诗意的人，可说是已得到诗人作诗的真正趣味；不曾参过禅偈但说起话来却有禅机的人，可说是已领悟了禅宗教义的高深哲理。

【金句解读】

有些诗人写的诗超凡脱俗、意境高雅，但在现实生活里却满口脏话、借钱不还，私德十分败坏；有的人虽不会写诗，但整个人和他的生活看起来就像一首诗，我想这才是更令人赞叹的真诗人。

禅宗六祖惠能没读过书，原是个一字不识的樵夫，但他吸收、消化平日所听闻的佛经，自行领悟、思考出一套高深的禅理，不只成为佛学与禅宗大师，而且是中国杰出的思想家，胜过饱读经书的学究千百万倍。人生，重要的是要懂得生活、懂得自己思考。

休闲娱乐不要有太多存心

　　钓水，逸事也，尚持生杀之柄；弈棋，清戏也，且动战争之心。可见喜事不如省事之为适，多能不若无能之全真。

　　钓鱼本是清闲的活动，但含有生杀的权力；下棋本是高雅的游戏，但含有胜败的斗争心理。由此可见，多事不如无事更舒适自在，多才不如无才更能保全纯真的本性。

【金句解读】

　　多事不如省事，多能不如无能，这似乎有点消极。我个人以为钓鱼和下棋都是优雅的休闲娱乐，只要不是心存得失与竞争的念头，顺势而为，其实也无可厚非。如果能把上钩的鱼儿都放回去（或放一些回去），下棋时能期待品尝输棋的滋味，那恐怕也是对身心的另一种调剂，比什么事都不做、什么都不会，应该更有意义。

内心快乐最真，患得患失最苦

人知名位为乐，不知无名无位之乐为最真；人知饥寒为忧，不知不饥不寒之忧为更甚。

世人只知道名誉和地位带来的快乐，却不了解并非来自名誉和地位的快乐才是真正的快乐；世人只知道挨饿受冻是人生的一大忧虑，却不了解为求不挨饿受冻而患得患失的忧虑才是更大的痛苦。

【金句解读】

庄子说"至乐无乐"，最大的快乐并非"没有快乐"，而是"没有快乐的事"，因为快乐并不是"身外之物"，不是存在于外在的名誉、地位或人、事、物上头，而是内心的一种感觉。只要有一颗快乐的心，那么即使是寻常事物，也会让人觉得快乐无比，那才是真正的快乐。在能自得其乐后，就可减少很多不必要的忧虑，特别是由患得患失的忧虑所带来的痛苦。

换个角度看人生的苦与乐

世人以心肯处为乐，却被乐心引在苦处；达士以心拂处为乐，终为苦心换得乐来。

世人认为能满足心愿就是快乐，却经常被想要快乐的心愿牵引到痛苦中；明智达理之士将能忍受各种横逆视为快乐，最后终于用苦心换来真正的快乐。

【金句解读】

每个人都想有幸福快乐的人生，但吊诡的是：很多人为了得到梦想中的幸福快乐，结果却经历了真实的痛苦和灾难。也许，快乐与痛苦、幸福与灾难是相生相成的，今天的快乐将导致明天的痛苦，而今天的苦楚则能换来明天的甘美。了解这种苦尽甘来、物极必反、乐极生悲、祸福相倚的道理后，更能让我们在快乐时保持警觉，在痛苦中保存希望。

对贫富与才能的豁达看法

奢者富而不足，何如俭者贫而有余；能者劳而府怨，何如拙者逸而全真。

豪奢的人财富再多也感到不够，哪比得上节俭的人虽然贫穷却能有余呢？有能力的人终日辛劳却招致怨恨，哪比得上拙愚的人安闲无事而能保全本性呢？

【金句解读】

生活奢侈的人，有再多的金钱也还是觉得不够，这不只是"欲壑难填"而已，而是他们想以金钱和奢侈品来填补因缺乏爱、快乐与生存意义所产生的心灵空虚，但不是真正的需要，所以不会有真正的满足；反倒不如节俭持家、充满温馨亲情的家庭生活得快乐。

个人能力很强固然值得肯定，但如果因此而认为别人都无法做得比自己好而事必躬亲，那不只自己会因而过度辛劳，还可能引起其他人的抱怨和不满（把别人都当成了笨蛋）；倒不如懂得藏拙者活得轻松自在。

知足者常乐，善用者生机

都来眼前事，知足者仙境，不知足者凡境；总出世上因，善用者生机，不善用者杀机。

对于眼前的事物，知道满足的人会觉得自己生活在快乐的仙境中，不知道满足的人却认为那只是凡庸境界；总结出人世间的因果，善于运用的人觉得处处充满生机，不善于运用的人则感到处处充满危机。

【金句解读】

苦与乐、贫与富看似有一些客观的衡量，其实，主要还是来自个人主观的感受。就像古人所说"知足者常乐"或"知足者虽贫亦富，不知足者虽富亦贫"。换个想法比换个做法，会让你更容易感到满足，得到快乐。

世事虽然有些复杂，但总有个头绪，遇到事情不要急着一头钻进去，先冷静地了解来龙去脉，评估可能的后果。洞烛机先，善加运用，才是明智的做法。

成败与生死，终归是一场梦

知成之必败，则求成之心不必太坚；知生之必死，则保生之道不必过劳。

知道成功过后必然衰败，那么渴望成功的信念就没有必要太过坚决；知道生存过后必然死亡，那么保养身体的方法也没有必要太过操劳。

【金句解读】

每年六月底到七月初，在英国都要举行世界上历史最悠久，也是最具声望的网球赛事——温布尔登网球锦标赛。每个参赛者无不摩拳擦掌、全力以赴，希望能赢得胜利、名利双收。在每个参赛选手必须经过的中央球场入口大门上刻着一行字，那是吉卜林的一句诗："你是否能在失败之后拥抱胜利，并认识到二者皆为虚妄？"虽然名望与奖金诱人，但在认识到胜与败就像生与死，终归是一场虚幻的梦境后，那么在梦中的一切努力，都会变得较为轻松而愉快。

人生应该切忌的两种情况

居盈满者，如水之将溢未溢，切忌再加一滴；处危急者，如木之将折未折，切忌再加一搦。

处在丰盈完满的状态中，就好像贮水将要漫溢但还未溢出，切记不要再增加一滴水；处在危险急迫的环境中，就好像树木将要折断但还未折断，切记不要再施加一点压力。

【金句解读】

这让人想起老子所说的："持而盈之，不如其已；揣而锐之，不可常保。"意思是，让一样东西累积到满溢出来，不如及时停止；千锤百炼所产生的锐利，也无法长久保持，终会变钝。不管是正面或负面的压力，都无法长久支撑，终有崩溃之时。所以，人生在世，不管是喜乐或悲痛，都要适可而止，不能过度。

让眼前与身后两全其美

面前的土地，要放得宽，使人无不平之叹；身后的恩泽，要流得久，使人有不匮之思。

对眼前的利害得失，要心胸宽广，乐于与人为善，让周遭的人不会发出不平的牢骚；在身后留给后世的恩泽，则要流得长长久久，才能让后人不断地思念。

【金句解读】

这段话可以说是在反映一种"思前想后"的动态思维。人生处在不断的移动中，我们不能只考虑现在，还需前瞻与后顾。要前后兼顾，不能顾此失彼，才算比较周全。天下没有十全十美的事，如果花太多精力给眼前人，那么留给身后人的恩泽就可能减少；想留给身后人的东西多一些，又可能对不起眼前人。如何让"眼前"与"身后"两全其美，考验每个人的智慧。

保已成之业，防将来之非

图未就之功，不如保已成之业；悔既往之失，不如防将来之非。

与其谋划无法确定的功业，不如保有已经完成的事业；与其懊悔以往的过失，不如预防将来可能犯的错误。

【金句解读】

我觉得前面一句话有"二鸟在林，不如一鸟在手"的意思，比较适合进入人生后半场的人。他们对于未来当然还需要有梦想，并为梦想而努力，但不可因此而失去在前半场打拼所累积的成果。

后面那句话则让我想起《论语》里所说的"往者不可谏，来者犹可追"。这句话对还处于人生前半场的人特别有意义，人生还很漫长，与其沉溺于追悔过去，不如提醒自己将来绝不能再犯类似的过错。

要能逆来顺受，居安思危

天之机缄不测，抑而伸，伸而抑，皆是播弄英雄、颠倒豪杰处。君子是逆来顺受，居安思危，天亦无所用其伎俩矣。

上天的机遇变化不可预测，有时让人饱受挫折后转为春风得意，有时又让人在春风得意后饱受挫折，这些都是上天有意捉弄英雄、颠倒豪杰的戏码。有才德的君子如果能安然对待突袭的困厄，平安之时不忘危难，那上天也就无法施展他捉弄人的伎俩了。

【金句解读】

"时运不济，命途多舛"是很多胸怀大志者的悲叹，但与其说这是造化在"捉弄"英雄豪杰，不如说是上天在"考验"他们。志得意满时，要"花繁柳密处拨得开"；艰苦困顿时，要"风狂雨急时立得定"，这才是真英雄豪杰。逆来顺受、居安思危固然是君子之风，但如果能像贝多芬那样："当命运之神来敲门时，我必须掐住它的咽喉，绝不让命运之神击倒我！"那就更显豪气。

宁居无不居有，宁处缺不处完

敧器以满覆，扑满以空全。故君子宁居无不居有，宁处缺不处完。

敧器（古代一种倾斜易覆的盛水器）因为装满了水而倾覆，扑满（一种储钱器具）因为空无一文才得以保全。所以君子宁愿无所作为也不愿有所争夺，宁可生活欠缺些也不求完满。

【金句解读】

"月盈则亏，水满则溢"与"满招损，谦受益"等说法，都在强调与其追求"盈满"，不如安于"亏缺"。其实，盈与亏、全与缺，就跟老子所说的"有"与"无"类似，都是彼此"相生"的，盈会转为亏，而亏又逐渐积累成盈，但世人却多渴望盈、全与有，老子则提醒我们："凿户牖以为室，当其无，有室之用。故有之以为利，无之以为用。"房屋真正在发挥作用（供人活动）的是"无"（空间），而不是"有"（墙壁）。所以，一个明智的人在思考人生时，应该把重点从盈、全与有，转移到亏、缺与无上头。

比较不同人生后的领悟

居卑而后知登高之为危，处晦而后知向明之太露，守静而后知好动之过劳，养默而后知多言之为躁。

置身卑下处才会知道攀登高位的危险，站在阴暗处才会知道光亮的地方太显露，保持宁静才知道喜欢活动的人太辛苦，安于沉默之中才知道话说多了很浮躁。

【金句解读】

这应该是由高转卑、从明入晦、由动转静、从言变默之后，经由比较所产生的感触。说得虽然有道理，但换个说法："居卑而后知登高之辽阔，处晦而后知向明之光朗，守静而后知好动之实效，养默而后知多言之诚恳。"其实也同样有道理。你会喜欢或相信哪种说法，多少和个人心态有关。要相信什么，也许该自问你想要的是什么样的人生。

淡泊悠闲虽好，也无须否定从前

从冷视热，然后知热处之奔驰无益；从冗入闲，然后觉闲中之滋味最长。

一个人在退出名利场后，再冷眼旁观那些热衷于名利的人，才发现在名利场中的奔波劳碌毫无意义；一个人在从忙碌不堪中抽身回到闲适的环境中后，才发觉悠闲生活的滋味最是悠长。

【金句解读】

这段话反映了洪应明一贯的立场：淡泊名利、清净悠闲的生活才是理想的人生。其实，每个人的理想不一样，甚至同一个人在人生不同阶段的理想也有别。这段话所说的应该是一个人从忙碌的名利场中退下来之后的感触，但为了强调淡泊与悠闲生活的好，却把以前在"热处之奔驰"说成"无益"，这等于是在否定自己以前的那段人生，我觉得这不是什么健康而积极的态度。"热处之奔驰"同样有它的好处与贡献，我们还是应该给予适当的肯定与珍惜。

在世而超世，可欲可不欲

真空不空，执相非真，破相亦非真，问世尊如何发付？
在世出世，徇欲是苦，绝欲亦是苦，听吾侪善自修持。

能超出一切色相意识的真实境界，并不就能看空一切，执
着于外在并不能看清事物本质，破除外在也不能看清事物本质，
请问佛陀这要如何解释？置身尘世又想超脱尘世，遵循欲望是
痛苦，断绝欲望也是痛苦，就听凭我们各自去修行吧！

【金句解读】

佛家说，"色"指的是万物的形与相，因诸种因缘而显现，
本无实体，所以本质是"空"；但形、相与本质相互依存，所
有的色莫不是空，而空也就是色，因此色空不二、真空不空。
执着于形与相（偏有）或破除形与相（偏空），都违背了真理。
更高的境界是不偏有也不偏空，真空妙有，在世而超世，可欲
可不欲，该遵循欲望的时候就遵循，该断绝欲望的时候就断绝，
这才是更大的超越与自在。

做人摆脱俗情，为学减除物累

做人无甚高远事业，摆脱得俗情，便入名流；为学无甚增益功夫，减除得物累，便超圣境。

做人并不一定要成就什么高深远大的事业，能摆脱世俗情感就能跻身名士之流；治学也没有什么增进补益的功夫，能减除外物拖累，就能到达超凡入圣的境界。

【金句解读】

东西方的圣哲普遍认为，所谓"求道"主要是一种内在的追寻与修为，首先是要将各种欲望减至最低，去除贪婪、自大、虚伪、矫情等人性的弊病，每天减少一些，一直减损到如婴儿般的纯真状态，心中干干净净，不再有什么私欲与杂念，也就是老子所说的"为道日损，损之又损，以至于无为"，然后再去从事自觉有意义的追寻，就能臻于神圣的境地。

在哀乐中破尘情、臻圣境

羁锁于物欲，觉吾生之可哀；夷犹于性真，觉吾生之可乐。知其可哀，则尘情立破；知其可乐，则圣境自臻。

如果终日被物欲捆绑、困扰，就会觉得自己的人生很悲哀；如果能在纯真的本性中自在悠游，就会觉得自己的人生很快乐。能明白受物欲困扰的悲哀，就可破除世俗的禁锢；能了解悠游于真挚本性的欢乐，就可到达崇高的境界。

【金句解读】

人生苦短，什么是值得追求的快乐？什么是不可深陷的悲哀？这牵涉个人的人生观和价值观，但光是知道，其实并没有什么用，多数人还是想得到却做不到，无法"知行合一"，这时还必须要有大彻大悟的自我觉醒和自我要求，真正意识到：既然已经醒悟，为什么还无法要求自己做到？这不仅虚伪，而且是在浪费自己唯一的人生！只有痛彻领悟到这一点，才有可能大破大立，让自己梦想的人生成真。

学道要有毅力，得道顺其自然

绳锯木断，水滴石穿，学道者须加力索；水到渠成，瓜熟蒂落，得道者一任天机。

绳子可以锯断木头，水滴可以穿透石头，学道的人必须要有恒心与毅力去追求；水流之处自然会形成沟渠，瓜成熟了瓜蒂必然会脱落，学道后能不能得道则是听凭自然，不强求。

【金句解读】

柔弱的水滴为什么能在坚硬的石头上穿出一个洞？它靠的不是什么神力或奇迹，而是靠"持续滴落"。在人生路上，不管你想获得什么样的成功，伟大的抱负也许能让你看到通往成功的道路，但坚定的毅力才是让你抵达成功的交通工具。当然，努力和毅力并不保证你一定能获得世俗的成功，但只要自己尽了力，对得起自己，就是人生最好的报酬，有没有成功不必太在意。

辑二　随缘适性的自然真境

静赏造物主的艺术杰作

林间松韵，石上泉声，静里听来，识天地自然鸣佩；草际烟光，水心云影，闲中观去，见乾坤最上文章。

林中的松涛声声，石上的泉水淙淙，在宁静中倾听，让人认识到天地之间大自然的美妙乐章；草丛里的迷蒙烟雾，水中央的白云倒影，在悠闲中观赏，让人阅读到宇宙间顶级的天然文章。

【金句解读】

大自然就是造物主的艺术杰作。一个人只要放下俗务，悠闲地走进大自然中，心无旁骛地去听、去看、去品味，就能欣赏到造物主为我们创作的一幅幅美丽的图画、一首首动听的音乐和一篇篇高雅的诗文。就像诗人基尔默所说："我想我绝不会见到一首诗美丽如树，愚骏如我者能作诗，但只有上帝才能造出一棵树。"人类所有的艺术都起源于对自然的模仿，与其流连于仿作，不如去欣赏真迹。

聆听大自然为我们讲道

竹篱下，忽闻犬吠鸡鸣，恍似云中世界；芸窗中，雅听蝉吟鸦噪，方知静里乾坤。

站在竹篱边，忽然听到鸡鸣狗吠的声音，让人仿佛生活在神仙世界中；坐在轩窗前，悠闲听着蝉鸣鸦叫的声音，才知道安静中蕴藏着无限情趣。

【金句解读】

在安静的大自然中，忽然听到鸡鸣狗叫、蝉鸣鸦噪，不仅不会让人感到嘈杂、厌烦，反而会觉得生机无限。有位禅师天天对信众讲道，某个早上，当他走上禅堂，准备开始讲道时，一只小鸟忽然飞上窗台，就在那里唱起歌来。禅师兴致盎然地转身倾听，信众们也都随之听着那只鸟唱歌。等鸟儿唱完飞走，禅师对信众说："今天讲道完毕。"

把自然界的虫鸣鸟叫，当作造物主在为我们讲道，只要用心倾听，就可以有深切的感受。

自然万物都是我们的亲友

兴逐时来，芳草中撒履闲行，野鸟忘机时作伴；景与心会，落花下披襟兀坐，白云无语漫相留。

当兴致来的时候，在草地上脱鞋漫步，野鸟也会忘了危险飞到你身旁来做伴；当景致与心灵融洽时，在落花下披着衣裳独自静坐，白云似乎也无言地停留在你的头上不忍离去。

【金句解读】

我们要如何与自然融为一体？也许可以试着将天下万物都视为自己的亲人，称他们为"我亲爱的兄弟姐妹"。当你行经一片田野时，可以停下来，对触目所及的牛、羊、小鸟、花朵、玉米、树木、稻谷、山泉、泥土、石头等讲述自己的心事，关心它们的生活，给予它们爱和赞美。

让身心都融入大自然中

松涧边，携杖独行，立处云生破衲；竹窗下，枕书高卧，觉时月侵寒毡。

在密布松树的山涧边，拄着拐杖独自散步，停步休息时，山谷中升起的云雾，就笼罩在破旧的长袍上；在翠竹相倚的窗下读书，倦了枕着书呼呼大睡，醒来时发现清冷的月光正照在盖着的毛毡上。

【金句解读】

我喜欢在没有其他人的山野中漫步。当一条蛇爬过草丛，一只虫子停在我的衣袖上时，我不会去打扰它们，甚至还会低声发出亲切的问候。这样我才能说，我跟天上的白云和飞鸟、地上的鲜花与绿树、林间的青蛇与昆虫是一体的。

我也曾经在森林山径旁的石椅上躺下来，林中吹拂而过的风，还有溪流的声音，成了我的催眠曲。我将我的身体和灵魂都交给了自然，不知不觉睡着了，醒来发现映入眼帘的是蓝色的天空、青翠的巨木。那真是一种美好而奇妙的体验。

各适本性，自由自在

帘栊高敞，看青山绿水吞吐云烟，视乾坤之自在；竹树扶疏，任乳燕鸣鸠送迎时序，知物我之两忘。

卷起窗帘，敞开窗户，看看窗外青山绿水间云烟的进出与飘动，才明白天地是多么悠闲自在；院子里的翠竹绿树枝繁叶茂，任由燕子与斑鸠以歌唱来送走寒冬迎来新春，才懂得什么叫作"各适其性，浑然忘我"。

【金句解读】

青山绿水任由云烟的进出与飘荡，而不做任何干预；翠竹绿树听凭乳燕鸣鸠用它们的方式送寒迎春，不发表任何意见。它们告诉我们：自然界万物各依自己的本性行事，互不干预，所以能保持自在、相忘而又和谐的状态。人跟自然万物，还有人与人之间，也应该互相尊重对方的本性，不要任意去阻挠、干预、操控，让人人都能自适其适，这样大家不仅能悠闲自在一点，还有助于促进自然与社会的和谐。

相忘乎水，不知有风

鱼得水逝，而相忘乎水；鸟乘风飞，而不知有风。识此可以超物累，可以乐天机。

鱼在水中悠游，却忘了自己身在水中；鸟乘风飞翔，也不知自己身在风中。如果能理解个中道理，就能超脱外物的拖累，享受自然的机趣。

【金句解读】

一个呼吸顺畅的人根本不会感觉到空气的存在，甚至不会去注意自己正在呼吸。同理，一个自由的人不会感觉到自己是自由的，只有在受到束缚的时候，他才会觉得自己不自由，而渴望能得到自由。在《庄子》一书里，庄子借孔子之口说："鱼相忘乎江湖，人相忘乎道术。"鱼自由自在地在江河中嬉游时，它根本不知水的存在；得道的人徜徉于大道中时，他也不会觉得自己是个得道的人。而一个清净、淡泊的人也不会自觉清净、淡泊，或将它们挂在嘴上，这样才是真正的超脱。

钟声醒迷梦，山色见本真

雨余观山色，景象便觉新妍；夜静听钟声，音响尤为清雅。

雨过天晴后，观赏山色，景象就平添了一份清新妍洁的美感。夜阑人静时，聆听寺院钟声，钟声就显得特别清脆悠扬。

【金句解读】

下雨，是大自然在清洗、净化、滋润与护持自身。雨过天晴时，青山绿树、花花草草都洗去一身的尘垢，仿佛获得了重生。人类从大自然中获得启示，斋戒沐浴，用水来清洗、净化自身，让生命保持洁净，乃至焕发生机。

在寂静的夜里，寺院所发出的钟声听起来特别悠扬沉稳，就如一首偈子所言："闻钟声，烦恼轻，智慧长，菩提生。"它不只能消除许多的无名烦恼，还能让我们的心灵得到安定，启发自身的智慧之光。

两者合而观之，就是"钟声阵阵醒迷梦，山色重重见本真"。

在欣赏中掌握自然的规律

风花之潇洒，雪月之空清，唯静者为之主；水木之荣
枯，竹石之消长，独闲者操其权。

在风中摇曳之花朵的潇洒，月光映照下之积雪的空旷洁白，
只有内心宁静的人才能享受这种怡人景色。水边树木的繁盛与
凋零，翠竹和青石间的消长变化，只有具备闲情雅致的人才能
掌握其规律。

【金句解读】
大自然中处处有美景，但就像陈道婆所说："高坡平顶上，
尽是采樵翁。人人尽怀刀斧意，不见山花映水红。"你如果是
抱着实用的态度走进大自然，那是无法充分领略自然之美的。
但你在以清静悠闲的心情徜徉于大自然中时，也不要忘了从它
们的消长变化中掌握自然的规律，就像孟德尔从豌豆的栽培中
发现了遗传定律一样。

让花鸟在天地间自由生存

花居盆内终乏生机，鸟入笼中便减天趣。不若山间花鸟错集成文，翱翔自若，自是悠然会心。

栽植在盆中的花，终究会失去自然生机；鸟被关进笼子里，便减少天然情趣。不如山间的野花艳丽自在，天空中的野鸟自由飞翔，让人看起来更加赏心悦目。

【金句解读】

剧作家萧伯纳喜欢花卉，但一位朋友发现他的屋内只有几个作为装饰品的花瓶，却没有花，而忍不住问他："我一向认为你是爱花的，没想到你的屋内连一朵花也看不到。"萧伯纳回答说："我也喜欢孩子，难不成还偷来养在家里？"

真正喜欢花，就不要摘花；真正喜欢鸟，就不要养鸟。要尊重它们，让它们在自然的环境中自由成长。

尊重与欣赏众生的本然

人情听莺啼则喜，闻蛙鸣则厌，见花则思培之，遇草则欲去之，但是以形气用事。若以性天视之，何者非自鸣其天机，非自畅其生意也。

人之常情是听到黄莺婉转啼声就高兴，听到青蛙呱呱叫声就讨厌；看到美丽的花卉就想栽培，遇见杂乱的野草就想铲除。这完全是根据自己的喜怒爱憎做判断，若按照生物的天性来说，莺啼蛙鸣都是在抒发它们各自的情绪；花开草长，何尝不是在舒展它们的生机呢？

【金句解读】

喜听莺啼、厌闻蛙鸣，想栽花、欲除草，这些情绪反应都是来自我们对动物和植物的差别心，也就是不慈悲。如果能多发挥一点慈悲心，那不仅能了解各种动植物之所以会成为各自的模样，并不是他们的错，而是天性使然，在哀矜而勿喜与勿厌后，还能给予其更多的尊重与欣赏，这样你的人生将因此而变得更丰富、更有深度。

胸怀玲珑，触物都能会心

鸟语虫声，总是传心之诀；花英草色，无非见道之文。学者要天机清澈，胸次玲珑，触物皆有会心处。

鸟的啼叫和虫的鸣声，都是它们表达感情的密码；花的艳丽和草的青葱，也是蕴藏自然妙道的文章。读书人如果能心灵清明透彻，胸怀细腻玲珑，那么对所见所闻都能有所领略，而发出会心微笑。

【金句解读】

歌德说："一个人每天都应该听一首好歌，读一首好诗，看一幅美画，如果可能，再说几句明理的话。"这是让我们活得充实而又有品位的好方法。每天都要听歌、读诗、看画、说明理的话，也许有困难，但在大自然中，正有着俯拾皆是的歌曲、诗词、绘画与明理的话，等待我们用心去观赏与品味。

心灵应像天体般变化无碍

霁日青天，倏变为迅雷震电；疾风怒雨，倏转为朗月晴空。气机何尝一毫凝滞，太虚何尝一毫障塞，人之心体，亦当如是。

当万里晴空、艳阳高照时，会忽然乌云密布、雷雨交加；在狂风怒号、倾盆大雨之时，又会突然皓月当空、万里无云。可见天气的变化片刻也不曾停顿，而天体的运行也没有遭遇丝毫的阻碍，所以我们的心性也应该像天体的变化般无碍。

【金句解读】

大自然的天气瞬息万变，但不管怎么变，却丝毫无碍于天体的运行。人的心中也有喜怒哀乐，它们同样起伏多变，但就像老子所说："人法地，地法天，天法道，道法自然。"我们的情绪也应该效法大自然的天气，尽管多变，却拂过而不留，切不可让多余的情绪萦绕于心，郁结不散，干扰我们接下来的生活。这样才是真正的"天人合一"。

像自然照顾万物般照顾自己

吾身一小天地也，使喜怒不愆，好恶有则，便是燮理的功夫；天地一大父母也，使民无怨咨，物无氛疹，亦是敦睦的气象。

我们的身体就如同一个小天地，如果能使自己的喜怒没有过失，好恶有个准则，这就是做人的一种和谐调理的功夫；天地就等于是人类的父母，如果能让百姓没有怨恨和牢骚，万物没有灾害而顺利成长，那就是祥和太平的好气象。

【金句解读】

《淮南子》有言："天有四时、五行、九解、三百六十六日，人亦有四支（肢）、五藏（脏）、九窍、三百六十六（骨）节。天有风雨寒暑，人亦有取与喜怒。"虽然有些穿凿附会，但认为"人"是一个具体而微的"天"（自然），而且人与自然能互相影响，这种观念在今天依然能成立。大自然就像父母照顾子女般，让生活于其间的万物顺利成长，我们也应该像父母照顾子女般，让自己的身体机能得到有效的发展，喜怒哀乐得到适当的抒发。

人生应如孤云出岫，朗镜悬空

孤云出岫，去留一无所系；朗镜悬空，静躁两不相干。

一片云朵飘出山谷，无论是要去或留，都没有一丝牵绊束缚；朗镜般的明月高悬于夜空中，地面的静寂或喧嚣，都不会干扰它的光辉。

【金句解读】

当我们受到现实生活的束缚与羁绊，特别是面临压力，比如学业无法进益，工作与职位不保，不知何去何从时，看看那山谷里的云朵，它随风飘荡，对要去要留似乎一点也不在意（即使在意也没什么用），是何等悠闲自在？此处不留人，自有留人处。一个地方的出口，往往就是另一个地方的入口，我们又何须空烦恼？

当我们为周遭的喧闹而烦躁时，看看天上的明月，它是何等的光明而又安详？只要我们能对周遭的纷扰保持一定的距离和一定的高度，那么我们心中亦可有一轮明月，拥有内在的光明与安详。

接受大自然的潜移默化

山居胸次清洒，触物皆有佳思。见孤云野鹤，而起超绝之想；遇石涧流泉，而动澡雪之思；抚老桧寒梅，而劲节挺立；侣沙鸥麋鹿，而机心顿忘。若一走入尘寰，无论物不相关，即此身亦属赘旒矣。

居住在山中，胸怀自然清朗洒脱，触目所及都能产生美好想法。看到闲云野鹤，即引发超尘脱俗之思；见着山谷流泉，就兴起洗涤世俗杂念之情；抚摸老柏寒梅的枝干，不由涌现刚毅不屈的节操；与沙鸥麋鹿嬉游，钩心斗角的念头就烟消云散。如果再回到喧嚣的尘世，便觉一切事物都与我无关，连自身也成了累赘。

【金句解读】

孟子说："居移气，养移体。"生活环境可以改变一个人的气质，修为涵养可以改变一个人的体质。徜徉于大自然中，你会接触到不同的景观与事物，在它们的潜移默化下，你的世界观、人生观和价值观都会随之变化，日渐广阔。

静如青山绿水，动若鱼跃鸢飞

心地上无风涛，随在皆青山绿水；性天中有化育，触处见鱼跃鸢飞。

如果内心平静没有纷扰，不管在哪里都是青山绿水的好景致；如果天性中存有自然化育的生机，触目所及都是鱼跃鸢飞的好风光。

【金句解读】

青山绿水，给人宁静安详的感觉。如果我们的内心没有欲望杂念的骚扰，平静无波，那么不管置身何处，我们都能有观赏青山绿水的宁静安详之感。鸢飞鱼跃则给人活泼生动的感觉，如果我们能一直保持上天赋予每个生命的活力和生机，那么我们触目所及之处，也都能发现鸢飞鱼跃般的活泼动感。

青山绿水与鸢飞鱼跃，这一静和一动，安详与活泼，就好像生命之鸟的双翼、生命之车的双轮，缺一不可。能静又能动，动中有静、静中有动，才是理想生命应该具备的条件。

处喧见寂、出有入无的启发

水流而境无声，得处喧见寂之趣；山高而云不碍，悟出有入无之机。

河水不停地在流动，但周边却静寂无声，让人领略闹中取静的真趣；山峰高耸，却不妨碍白云的飘动，让人领悟在有无中自由出入的玄机。

【金句解读】

这种大自然情景给人的启发，让我想起如下故事：一位印度教行者在美国参加拉里·金的脱口秀。拉里·金提出很多犀利的问题，观众的反应更是充满质疑、敌意与嘲弄。但行者始终气定神闲地回答。最后拉里·金忍不住逼视行者："你怎么有办法如此安静？"行者微笑着说："这里本来很安静，是我们把它弄得闹哄哄的。"

更容易理解的说法是："你们尽管闹哄哄，但我内心却一片宁静。你们的逼问像'有'刺的箭朝我飞来，但到我身前，都成了'无'，我轻松自在、毫发无伤地穿越它们。"行者的这种修为，应该是来自如上所说的大自然的启发。

宠辱不惊、去留无意的境界

宠辱不惊，闲看庭前花开花落；去留无意，漫随天外云卷云舒。

得宠或受辱都不会影响我的心情，我只是悠闲地欣赏庭院中的花开花落；留下或离开我都不介意，放任思绪随着天上的白云舒卷自如。

【金句解读】

对于得宠或受辱，一般人的反应多是像老子所说的"宠辱若惊"，在得宠时惊喜万分，在受辱时又惊慌莫名；这其实很可笑，也很可悲。因为毁誉、得失、去留，不只是身外之物，而且也都是别人给你的，所谓"赵孟之所贵，赵孟能贱之"，今天荣宠你、留住你、提拔你的人，改天同样能侮辱你、辞退你、贬抑你，你惊喜或惊慌又何补于事呢？重要的是你的身心都不要受影响而有所损伤，只要留得青山在，何愁没柴烧？而这样做的前提是你必须要有一颗清静、笃定的心，不仅不为荣辱所动，而且还能怡然自得。

让刺激过而不留、空而不着

耳根似飙谷投响，过而不留，则是非俱谢；心境如月池浸色，空而不着，则物我两忘。

耳朵听东西要像山谷，疾风呼啸而过后，却什么也没留下，那么所有的是非黑白都会消逝；心境要如水面，虽然月色沉浸在水里，却空灵而不着痕迹，那么就能忘了物我的存在。

【金句解读】

所谓"六根清净"，有人认为要让眼、耳、鼻、舌、身、意六者保持清净，不受污染，就要做到耳不听恶声、心不想恶事，但这不仅陈义过高，而且形同逃避。更可行也更理想的做法应该是像《金刚经》中所说的"应无所住，而生其心"，不管听到、看到、想到的是什么，我们都不必排斥，但也不必萦绕于心、念念不忘，而应该随缘而起、随缘而灭，这样才能让心灵生生不息、自在而活泼。

要葆有山肴与野禽的滋味

山肴不受世间灌溉，野禽不受世间豢养，其味皆香而且冽；吾人能不为世法所点染，其臭味不迥然别乎。

山中的野菜没有人灌溉施肥，荒野里的动物也无人饲养照顾，但它们的滋味尝起来却特别甘美可口。如果我们能不受世俗观点与名利的污染，那么心性就会跟满身铜臭味的人迥然有别。

【金句解读】

在和不同的人互动后，经常会让我产生不同的感觉。打个比方，有的人像肉鸡，在由世俗礼法打造、规格相同的笼子里，以同样的饲料（教育）喂养，温温驯驯地长大，虽然也有模有样，但总让我觉得没"滋味"，似乎少了点什么。有的人则像跑山鸡，必须自己飞高走低、四处觅食，虽然看起来有点粗野，但颇为精壮，眼界和谈吐都让我觉得有种自然而独特的"滋味"。我喜欢这样的跑山鸡。

卧雪眠云、吟风弄月的情趣

芦花被下，卧雪眠云，保全得一窝夜气；竹叶杯中，吟风弄月，躲离了万丈红尘。

以芦花当棉被，地面上的白雪作床铺，天上的云彩作床帐，在这样的自然景致下安眠，可以保全身体在夜里凝聚的元气；以竹叶当酒杯，在清风明月下吟咏诗歌，可以远离尘世中的纷乱烦扰。

【金句解读】

我高中时代和几位同学到野外露营，虽然是睡在营帐里，但身体跟大地只隔着一层帆布，而且虫鸣蛙叫不绝于耳。深夜醒来，起身到营帐外，沐浴在清明的月光下。在家里从未煮过东西的我，和同学用石头架起炉灶，捡拾枯枝来当柴火，煮出来的面条虽然看着有些难以下咽，但尝起来却别有滋味。这种幕天席地，成了我高中时代最珍贵与美好的回忆。

登高舒啸、雨夜读书，心旷神清

登高使人心旷，临流使人意远；读书于雨雪之夜，使人神清；舒啸于丘阜之巅，使人兴迈。

登山远望，让人心胸开阔；临河观水，使人心境悠远。在有雨雪的夜里读书，神志特别清明；在小山丘上高声呼喊，意兴分外豪迈。

【金句解读】

所谓"仁者乐山，智者乐水"。登山远眺，让人心胸开阔，可多一分仁慈；临水观流，让人思虑灵活深远，可多一分智慧。

即便不下雪，但雨夜读书，效果也差不多；古人还有"雪夜闭门读书"是人生一大乐事的说法，想来是因不必担心有人会来打扰的关系。至于到无人的山巅纵声高喊或咆哮，不管是像狮吼或狼嚎，都是值得尝试的动物本能的释放。

从天地之气领悟人之性气

天地之气，暖则生，寒则杀。故性气冷清者，受享亦凉薄。唯和气热心之人，其福亦厚，其泽亦长。

大自然的气候规律是，春夏暖和，万物就获得生长；秋冬寒冷，万物就失去生机。做人的道理就跟大自然的气候变化一样，性情脾气冷漠孤傲的人，他所能享受的福分自然就较为凉薄。只有个性温和而又热心者，他得到的福分不但丰厚，恩泽也比较长久。

【金句解读】

做人应该像暖和的春夏，性情温和而又热心，这样不仅自己心情愉快，又能与人和谐相处，生活将更加丰富多彩。如果像凉寒的秋冬，性情冷淡肃杀，待人凉薄，那生活也就难免清苦无趣。这固然有它的道理，但自然界一年四季都有，做人似乎也不能只有春夏而无秋冬，对某些人和事表现出如春夏般的温和与热情，对另一些人和事则报以如秋冬般的冷淡与肃杀，也许是比较周全而合适的做人原则。

零落肃杀中的生生之意

草木才零落，便露萌颖于根底；时序虽凝寒，终回阳气于飞灰。肃杀之中，生生之意常为之主，即是可以见天地之心。

草木的枝叶刚开始枯萎凋落，在根底就已萌发出新芽；季节虽然已经进入寒冬，终究会回归温暖的阳春时节。在肃杀萧瑟的氛围中，大地仍然以生生不息之意为主导，由此可以看出天地孕育万物的本心。

【金句解读】

大自然的这种变化，正是所谓的"生也死之徒，死也生之始"，人世间的成败、盛衰、荣辱，正跟自然界的变化一样，在周而复始地循环着。重点是我们在衰败的时候，不必灰心气馁，要有迎接兴盛的乐观和准备；而在兴盛的时候，则不可得意忘形，要警惕衰败终将到来。这样我们才是大自然这位好老师的好学生。

心念如天气，随起随灭

心体便是天体，一念之喜，景星庆云；一念之怒，震雷暴雨；一念之慈，和风甘露；一念之严，烈日秋霜。何者少得，只要随起随灭，廓然无碍，便与太虚同体。

我们的心体是具体而微的天体，一个喜悦的念头，就像瑞星祥云的祥瑞之气；一个愤怒的念头，就像雷电风雨的暴虐之气；一个慈悲的念头，就像和风甘露的生生之气；一个威严的念头，就像烈日秋霜的肃杀之气。这些念与气都是少不了的，但只要能随缘兴起，随缘消灭，心胸开阔，毫无阻碍，就可以和天地同为一体。

【金句解读】

人的心灵也有它的天空和气候，人的情绪变化就像自然界的气候变化。不一样的外在刺激让人产生不同的念头与情绪，我们不必刻意去压抑某种念头或情绪，而是要跟自然界的气候变化一样"无住"，随缘而起，随缘而灭，不执着、不停留在某个念头与情绪上，起灭自如、来去无碍，才是真正跟天地同为一体。

从保全天性到恢复天性

田父野叟，语以黄鸡白酒则欣然喜，问以鼎食则不知；语以缊袍短褐则油然乐，问以衮服则不识。其天全，故其欲淡，此是人生第一个境界。

在乡下跟农夫野叟聊天，谈到黄鸡和白酒时，他们就会兴高采烈，问以山珍海味等佳肴，他们就茫然不知；提起长袍短袄的衣着，他们就会流露出欢乐的表情，问以黄袍紫蟒等官服，他们根本不认识。这些老农夫保全了淳朴本性，所以他们的欲望才能这样淡泊，这才是人生的第一等境界。

【金句解读】

农夫野叟安于缊袍黄鸡，自得其乐，有两种情况：一是他完全没见过，也不知道有锦衣玉食，这是因为无知而得来的幸福（保全天性）；二是他见识过锦衣，品尝过玉食，却觉得还是缊袍黄鸡好，这是因为认知而得来的幸福（恢复天性）。两者同样能让人觉得幸福，但第二种幸福较能持久，也是较高的境界。

返璞归真的无穷意味

文以拙进，道以拙成，一拙字有无限意味。如桃源犬吠，桑间鸡鸣，何等淳庞。至于寒潭之月，古木之鸦，工巧中便觉有衰飒气象矣。

写文章要拙朴才能有进步，修道要依靠拙朴才能成功，可见拙朴含有无穷的奥妙意味。就好比桃花源中的狗叫，桑田间的鸡鸣，那是多么淳朴而有余味啊！至于寒潭里的月影，古树上的乌鸦，看似充满诗情画意，却让人感觉是衰败的景象。

【金句解读】

真实的东西大都是拙朴的，因为没有经过修饰，虽然看起来有点粗陋，却是自然淳厚、余味悠长。人为的工巧虽然也被认为是一种"美"，但总让人觉得"美中不足"；真正的"大巧"要像朱铭"太极系列"的雕塑，技艺越纯熟，风格也越来越粗简拙朴，返璞归真、复命归根，回到了类似原先的模样，也就是"大巧若拙"。这虽然看起来好像跟原来的拙朴一样，但其实已是更高境界的另一种"拙"。

在自然的情境中阅读与思考

读《易》晓窗，丹砂研松间之露；谈经午案，宝磬宣竹下之风。

清晨在窗下研读《易经》；用松树上落下的露水，掺和朱砂研墨，以它来圈点书中重要的字句。中午在书桌上诵读佛经，敲打的钟磬声随着竹林间的清风传向远方。

【金句解读】

同样一本书，在不同的时间和地方读，感受很可能就会不一样。《易经》被认为是在探讨宇宙与人世运行及变化的深奥道理，所以宜在意识最清明的早上阅读。而佛经谈的主要是尘世烦恼的解脱之道，适合在较为炎热的中午研读。其实，我们不见得要用作者所说的方式（磨研朱砂、敲打钟磬）来阅读，那未免太过复杂，重点是在阅读时若能伴随某种自己喜欢的简单仪式（比如听音乐、喝茶、喝咖啡），那就会让阅读成为一种高雅而又愉快的享受。

钟声与月影，唤醒梦中人

听静夜之钟声，唤醒梦中之梦；观澄潭之月影，窥见身外之身。

聆听寂静夜里传来的钟声，唤醒了人生大梦中的种种迷惘；静观清澈潭水中的月影，窥见了超越肉身的真实自己。

【金句解读】

金门太武山有座海印寺，寺门有一副对联："海寺钟声，唤醒众生开觉路；印池月色，照明世界指迷津。"似乎就有洪应明所说的意味。寺庙或教堂都有钟声，常被称为"醒世钟"或"警世钟"，特别是寺庙中那沉稳、悠扬的钟声，在暗夜里听来，似乎最能唤醒陶醉在迷梦中的俗人。

而池潭中的月影虽然幽美，却只是天上唯一而真实的月亮的虚幻投影，我们的人生在亘古长空的宇宙里，又何尝不是如此呢？

不玩物丧志，可借境调心

徜徉于山林泉石之间，而尘心渐息；夷犹于诗书图画之内，而俗气潜消。故君子虽不玩物丧志，亦常借境调心。

悠闲漫步于大自然的山林泉石之间，尘世的凡心就会渐渐平息；从容流连于诗书画卷之中，世俗的习气也会暗中消散。所以有德的君子虽然说不会玩物丧志，却可经常借此情境来调节身心。

【金句解读】

有一位商界人士，他的办公桌上总是摆着一盆鲜花，每隔几天就更换一次。有人说这样未免太浪费了，但他却说这盆鲜花正以无声的方式发挥它的影响力："在这些鲜花面前，人们很难存有自私或卑鄙的念头，它们能激发一个人表现出他的绅士风度。"即使不能徜徉于林泉之间，将周遭布置得具有自然意境，也可以调节自己和他人的身心。

晚霞比朝云更绚丽迷人

日既暮而犹烟霞绚烂，岁将晚而更橙橘芳馨。故末路晚年，君子更宜精神百倍。

夕阳西下时，天空的晚霞依然灿烂夺目；一年将尽时，柑橘吐露更多的芳香。所以君子在人生走到末路的晚年，更应该精神百倍，充满生命活力。

【金句解读】

"欲归还小立，为爱夕阳红。"欣赏晚霞的人不仅比观看朝云的人多，而且晚霞确实比朝云绚丽。喜欢吃柚子的人可能见过麻豆文旦（文旦是柚子的别称），虽然较为小颗，外观也较不吸引人，但肉质细嫩，柔软多汁，更有营养，尝起来也更加香甜味美。

人老了虽然难免体衰，但可以更有智慧，甚至更有创意，美国的摩西奶奶在近八十岁时才学画画，结果在九十岁时成为世界知名的素人画家。在她留下来的一千五百幅画作中，有将近四分之一是在她一百岁时所画（翌年才去世）。谁说人老了就只能认命，静待死亡而无所突破呢？

浓夭不及淡久，早秀不如晚成

桃李虽艳，何如松苍柏翠之坚贞？梨杏虽甘，何如橙黄橘绿之馨冽？信乎，浓夭不及淡久，早秀不如晚成也。

桃花李花虽然鲜艳，怎能像苍松翠柏那样坚定耐久？梨子杏子虽然甘甜，怎能像黄橙绿橘那样馨香清冽？所以我们要相信，浓艳消逝得快不如清淡维持得久，早先秀茂不如大器晚成。

【金句解读】

一般说来，美丽的东西通常都无法持久，所谓"大都好物不坚牢，彩云易散琉璃脆"。而当"最是人间留不住，朱颜辞镜花辞树"时，反而更令人感伤，松柏虽然没有艳丽的外表，但苍劲长青，经得起时间的考验。人的成就也一样，少年得志虽然让人称羡，但在风光一时后，容易因骄狂而坠落，倒不如大器晚成，因饱经沧桑，而懂得谦虚守成。

物出天然适意，就是美好

意所偶会便成佳境，物出天然才见真机，若加一分调停布置，趣意便减矣。白氏云："意随无事适，风逐自然清。"有味哉！其言之也。

偶然遇上的人、事刚好合乎自己的心意，便是佳境。东西出于天然，才能看出造物者的天工，如果加上一分人为的安排与修饰，那就会大大降低天然的趣味。白居易有诗云：意念听任无为才能使身心舒畅，风要起于自然才能感到清爽。这真的是值得回味的至理名言。

【金句解读】

"东家之子，增之一分则太长，减之一分则太短，着粉则太白，施朱则太赤。"这是战国时代宋玉对一位天生丽质的美人的描述。任何的人、物、事、景，浑然天成，都不必有任何人为的增减或修饰，这样不仅最真实，也最动人。如果我对每个我所遇到的天然之物都能领略其动人之处，那我的人生就会更加适意。

展现如天地般的才情

诗思在灞陵桥上，微吟就，林岫便已浩然；野兴在镜湖曲边，独往时，山川自相映发。

在灞陵桥上诗兴大发，刚低声吟出诗句，整个山林就随之浩然辽阔；在镜湖水边勾起野趣，独自漫步其间，看着湖水山峦互相辉映，让人陶醉。

【金句解读】

为什么很多人在面对大自然的各种景致时，都会兴起想要写诗、画画、作曲、唱歌的创作冲动，而且得到很好的灵感？我想就像明朝的美学家李渔所说的："才情者，人心之山水；山水者，天地之才情。"因为大自然就是造物主展现其才情的艺术杰作，人置身其中，受到感染，也想好好发挥自己的才情。

而米开朗基罗更是在创作受阻时，放下工作，走进荒野，目睹暴风雨过后云开雾散、旭日东升的情景，然后获得描绘创世景象的灵感。

作文与做人，但求恰好及本然

文章做到极处，无有他奇，只是恰好；人品做到极处，无有他异，只是本然。

文章写到最高的水平，并没有什么奇特之处，只是表达得恰到好处；人的品德达到最高的水平，也没有什么奇异之处，只是回归纯真朴实的本来面目。

【金句解读】

艾略特的《荒原》是一首长诗，初稿长达一千行，当他请挚友庞德过目时，庞德毫不留情地剔除其中冗长的修辞、重复的意象、不必要的卖弄，使得最后的篇幅只剩下原来的一半。但也正因为有这种删除，才让《荒原》能更精练、更敏锐、更清晰地传达艾略特想要传达的意思，成为二十世纪的不朽杰作之一。

不管是做人、做事或作文，最高的境界都是返璞归真、平淡质朴、恢复本然、洗尽铅华、不卖弄、没有巧饰雕琢。

以寻常自然的方式求表现

阴谋怪习，异行奇能，俱是涉世的祸胎。只一个庸德庸行，便可以完混沌而召和平。

阴谋诡计、怪异的言行与奇特的技能，都是为人处世时容易招致灾乱的根源。只有谨守平凡的品德和寻常的言行，才可以保持自然而带来和平。

【金句解读】

标新立异、特立独行，虽然能引起他人侧目，但这种"侧目"，可能是接下来想看你有几分真本事的好奇，也可能是认为你太过张扬而产生的厌恶或嫉恨。如果你无法表现出真正的本事，那好奇者就会失去兴趣，厌恶者很可能还会对你落井下石，让你平白受灾祸。所以我们最好还是在寻常而自然的方式中求表现，这才是可长久发展的明智做法。

一切顺其自然、随缘适性

幽人清事，总在自适，故酒以不劝为欢，棋以不争为胜，笛以无腔为适，琴以无弦为高，会以不期约为真率，客以不迎送为坦夷。若一牵文泥迹，便落尘世苦海矣。

高雅的人与高雅的事都在于能顺遂自己的本性，所以喝酒以不相劝饮最为快乐，下棋以不争胜负最为高明，吹笛以没有固定腔调最为适意，弹琴以不讲求旋律最为高雅，见面以不期而遇最为真切，待客以不相迎送最为坦诚。如果拘泥于各种繁文缛节，那就要掉进世俗苦海中了。

【金句解读】

传说陶渊明有一把没有弦的素琴，每逢友朋喝酒欢聚，他就弹着无弦琴自娱娱人，还说："但识琴中趣，何劳弦上声？"而喜欢喝酒的李白，在和朋友一杯又一杯对酌后，说："我醉欲眠卿且去，明朝有意抱琴来。"像这样一切都顺其自然、随缘适性、不刻意、不强求、怡然自得与自在，正是我们应该学习的。

了悟尘中之尘、影外之影

山河大地已属微尘，而况尘中之尘；血肉身躯且归泡影，而况影外之影。非上上智，无了了心。

山河大地只是宇宙中的一粒尘埃，更何况人类只是微尘中的微尘；血肉之躯终归是万古时光里的一个泡影，更何况权力名利这些泡影外的泡影？没有至高的智慧，永远无法明白这样的道理。

【金句解读】

有人问隐居于瓦尔登湖畔的梭罗："你一个人住在这么偏僻的地方，不会觉得孤单寂寞吗？"梭罗回答："怎么会？地球只是宇宙中的一个小点，而我们都挤在这个小点里。"如果能经常提醒自己，我们不过是尘中之尘、影外之影这个事实，那么我们不仅能把一切世情看淡，而且可以让自己活得更轻松，变得更谦虚，对人也更和蔼可亲。

超越一切差别，一视同仁

天地中万物，人伦中万情，世界中万事，以俗眼观，纷纷各异，以道眼观，种种是常。何须分别，何须取舍？

天地中的万种生灵，人世间的万种情感，世界上的万种事情，若以凡俗的眼光来看，缤纷复杂、各不相同，但用天道的眼光来看，则统统一样，全都平等。有什么必要去区分，有什么必要去取舍呢？

【金句解读】

这段话让人想起《庄子·外篇·秋水》中有言："以道观之，物无贵贱；以物观之，自贵而相贱；以俗观之，贵贱不在己。"所谓"贵贱"，纯粹是来自人为的差别观，我们要齐、要仁、要慈、要悲的不仅是众生、万物、地方、事情、时间，还有自己的各种情绪与观念。只有尽量提醒、要求自己不要再对它们产生不同的爱憎与取舍，一视同仁，才能臻于平等。这很难做到，但值得努力。

从自然中体会无限生机

万籁寂寥中，忽闻一鸟弄声，便唤起许多幽趣；万卉摧剥后，忽持一枝擢秀，便触动无限生机。可见性天未常枯槁，机神最宜触发。

在万籁俱寂的时候，忽然听到一只小鸟的叫声，便会唤起许多幽情雅趣。在所有花草都凋谢的季节，忽然看到枝上绽放出一朵鲜花，便会触动内心产生无限生机。可见万物的本性并不会完全枯萎，其生机活力随时都可能被触动而生发。

【金句解读】

四野寂寥、百花凋零的自然景致，最易让失意之人触景生情，觉得人生至此，似已毫无指望。但就在你即将万念俱灰时，忽然听到一声鸟啼，看到一朵花绽放，这种大自然在寂灭中复苏的无限生机，又会让你重新点燃内心的希望之火，而决定再向春风舞一回。就像一首禅诗所说："古松谈般若，幽鸟念真如。"这也是大自然所能给我们的最佳疗愈。

辑三　光明自在的活泼心念

心体光明，所见也一片璀璨

心体光明，暗室中有青天；念头暗昧，白日下有厉鬼。

心中光明磊落，即使在暗室之中，也如同身处晴朗的天空之下；心念阴暗不正，即使在青天白日下也像有恶鬼一样。

【金句解读】

王阳明有一首诗说："吾心自有光明月，千古团圆永无缺。"如果你内心是光明的，那么看什么东西也都是光明的；即使是脏兮兮的东西，在"心中明月"的映照下，也都能产生一种朦胧的美感。

法国小说家雨果也说："冬天在我头上，但我心中有一个永恒的春天。"心中的春天可以让外界的冬天平添许多温暖和光彩。但如果你的心中只有可怕的黑暗和阴沉的冬天，那谁也无法阻挡你在白天看见各种妖魔鬼怪。

心态决定你看到的世态

此心常看得圆满，天下自无缺陷之世界；此心常放得宽平，天下自无险侧之人情。

一个人如果能以圆满之心来看世界，那世界在他眼里就没有什么缺陷；如果能经常把内心放得宽大平和，那他就不会认为有什么人是邪恶不正的。

【金句解读】

牡丹花是富贵的象征，某知名画家画了好几朵栩栩如生的牡丹花，取名《牡丹富贵图》。一个观画者看了，说："画框边上的这朵牡丹花只画了半朵，不是成了'富贵不全'吗？"画家笑着说："我这样画，是想表示'富贵无边'啊！"

同样一件事，到底是"圆满"还是"残缺"？那真的要看你是抱持什么样的心态去看、去理解。同样一个人，他的本性到底是"善良"还是"邪恶"？连上帝也无法明确回答，而你的答案也只是在反映你的心态。

念头稍微不同，境界立刻改观

人生福境祸区，皆念想造成，故释氏云："利欲炽然即是火坑，贪爱沉溺便为苦海。一念清净，烈焰成池；一念惊觉，船登彼岸。"念头稍异，境界顿殊，可不慎哉。

人生的幸福与灾祸，都来自个人的想法，所以佛家说："私利、欲望若太强烈就是火坑，贪婪、爱恋如太沉溺即为苦海。只要有一个清净的念头，火坑就能变成清池；只要有一点警觉的想法，生命之舟就能登上彼岸。"可见个人的想法稍有不同，人生的境界就会全然改观，我们怎能不谨慎呢？

【金句解读】

"一念清净，烈焰成池；一念警觉，船登彼岸"，虽然只是比喻，却容易让人心里怀疑："哪有这么容易的事？"其实佛家强调的是"念头的改变"，那的确可以瞬间发生，就好像"顿悟"，但要真正落实到日常生活里，却需要日积月累的"渐修"功夫。除了想法，还必须有行为的改变，才能让人真正近福远祸。

延促由于一念，宽窄系之寸心

延促由于一念，宽窄系之寸心。故机闲者，一日遥于千古；意广者，斗室宽若两间。

时间的长短全在于个人的想法，空间的宽窄也全在于个人的感觉。所以，悠闲自在的人，会觉得一天比千年还要长久；心胸宽广的人，会觉得小小的斗室也能像天地般宽广。

【金句解读】

有人问爱因斯坦："什么是相对论？"爱因斯坦说："当你和一个漂亮的女孩坐在一起两个小时，感觉上好像只有两分钟；但如果你坐在热火炉上两分钟，感觉上就好像有两个小时。"虽然只是比喻，但生动地指出时间的长短感受是相对的，主要来自个人主观的感觉。对空间的感觉亦复如是。改变你的认知，就可以把一天视为一段具体而微的人生，一本书就是一个无远弗届的宇宙。

心机涌动疑鬼，心念平息见真

机动的，弓影疑为蛇蝎，寝石视为伏虎，此中浑是杀气；念息的，石虎可作海鸥，蛙声可当鼓吹，触处俱见真机。

心机涌动的人，会把杯中的弓影怀疑成毒蛇，把远方的石头看成卧着的老虎，到处都充满了杀气；心念平和的人，可以把石虎看成温顺的海鸥，把聒噪的蛙声当作悦耳的音乐，到处都可以发现自然的真谛。

【金句解读】

把弓影看成蛇是错觉，人难免会有错觉，但更严重的是曲解外在信息含义的妄想，比如将别人无心的话理解成是在讽刺或攻击自己。像这样疑心生暗鬼，处处提防、警戒，会让生活成为一个沉重的负担。相由心生，相也会随心灭，要让不好的错觉和妄想消失，釜底抽薪之计在于改变你的心念，除了将聒噪的蛙声当作悦耳的音乐外，能把耳边室友或配偶的鼾声听成是深奥的诗文则更佳。

想招福远祸，心态是关键

福不可徼，养喜神，以为招福之本而已；祸不可避，去杀机，以为远祸之方而已。

幸福不可以强求，只有培养开朗欢喜的心态，才是迎来幸福的根本；灾祸不能够避免，只有排除邪恶、仇恨的念头，才是避免灾祸的良方。

【金句解读】

"天有不测风云，人有旦夕祸福。"尽管有些祸福完全出乎意料，是自己无法掌控的，但我们还是要反求诸己，做好自己可以做的事。而其中最重要的，就是自己对人对事的心态。

如果能经常保持开朗欢喜、与人为善的心态，尽量排除邪恶、仇恨的念头，那不只能像曾子所说的："人而好善，福虽未至，祸其远矣。人而不好善，祸虽未至，福其远矣。"还可以更进一步，招福远祸。

降魔先降心，驭横先驭气

降魔者，先降自心，心伏，则群魔退听；驭横者，先驭此气，气平，则外横不侵。

要想制服魔鬼，必须先制服自己的内心，降服了内心，一切魔鬼自然也起不了作用而退却；要想控制不合理的横逆之心，必须先控制住自己浮躁的情绪，不再心浮气躁，外在的各种横逆事物自然无法入侵。

【金句解读】

有人喜欢说自己一时失察，受到魔鬼的诱惑。法国小说家纪德有一首诗："魔鬼来敲我的房门，我的欲望给他回音，但我跪着祈祷，始终没有去开门。"如果不是你自己去开门，魔鬼不会自行闯进来。因为，魔鬼其实就在我们心中，不管那是甜美欲望的诱惑，还是愤怒情绪的蠢动，只有你自己能降伏它们，不让它们闯出自己的心门到外头去作怪。

卷舒自在，行止在我

人生原是一傀儡，只要根蒂在手，一线不乱，卷舒自由，行止在我，一毫不受他人提掇，便超出此场中矣。

人生原本就像一场傀儡戏，只要能把牵动傀儡的根蒂握在自己手里，一根线也不让它纷乱，那么傀儡就能自在伸缩，要走要停都完全掌控在自己手里，一点也不受他人干涉，如此就可以超脱于这场戏之外了。

【金句解读】

人生的确就像一场戏，尘世是个大舞台，每个人都是舞台上的演员，虽然有的扮演王侯将相，有的扮演贩夫走卒，但那都只是表象，只是傀儡的戏服。每个傀儡的言行举止、喜怒哀乐，都是由提掇、牵动根线的操演者所赋予的，而那个操演者就是我们自己的意念。只要我们对要如何安度此生有清楚而明确的想法，那不管外在环境如何变化，都能将影响降至最低。

澄然忘我，让真心映现万物

人心多从动处失真。若一念不生，澄然静坐，云兴而悠然共逝，雨滴而冷然俱清，鸟啼而欣然有会，花落而潇然自得。何地非真境，何物无真机？

人心往往是因为浮躁而失去纯真的本性。如果能不生一点杂念，心灵清澈地安然静坐，和飘过的云朵一起消逝在天边，随落下的雨滴洗净心中的尘埃，从鸟啼声中欣然领悟自然的奥妙，看着落花缤纷而潇洒自得，那么何处不是人间的仙境？何物不能体现生命的真谛？

【金句解读】

"菩提本清净，起心即是妄。"我们一动心起念，动的是识心（因缘而生也因缘而灭的无常产物，所以又称为妄心），起的是妄念，真心即开始被蒙蔽。但只要心头无念、无染、无住，看到云朵就随云朵而去，听到雨声就觉得自己是那雨，和小鸟一样欢唱，跟鲜花一起绽放，与周遭的万物融为一体，潇洒自在，那就是"何地非真境，何物无真机"。

情绪波动时，要保持平常心

不可乘喜而轻诺，不可因醉而生嗔，不可乘快而多事，不可因倦而鲜终。

不可因一时高兴而轻许诺言，不可借醉酒而乱发脾气，不可乘一时之快而多管闲事，不可因疲倦而有始无终。

【金句解读】

人是情绪性动物，容易因一时的情绪波动而做出非理性，甚至追悔莫及的决定，本文所提到的一时高兴、喝醉酒、意气风发、疲倦正是这样的关键时刻。避免之道无他，就是不管是正面或负面情绪，在起伏波动时，都要提醒自己千万不能冲动，"忍一时风平浪静"，过些时候再表达意见或付诸行动，也不会差到哪里去。而最稳当的方法，是在平日就训练自己保持"平常心"，不以物喜、不以己悲，情绪的起伏不要太大，并将其影响降至最低。

以我来转物，不让物来役我

无风月花柳，不成造化；无情欲嗜好，不成心体。只以我转物，不以物役我，则嗜欲莫非天机，尘情即是理境矣。

天地间若没有风月花柳等景物，也就不能成为造化万物的大自然；人类心里若没有感情欲望及嗜好，也就不能成为人的本心。只要我能转化外物，而不是让外物来驾驭我，那么各种欲望、嗜好无一不是天赋的灵机，世俗凡情也能成为理想的境界。

【金句解读】

风花雪月，是自然美景；七情六欲，是人的天性。想排除或扼杀这些，是在违逆自然，跟人的本性作对，难以成为正道。更理想的方式是接纳它们，但不要沉溺其中，受其奴役，而应该成为它们的主人。这也正是苏东坡所说的："君子可以寓意于物，而不可以留意于物。"也就是我们赏玩美好的事物，借以寄托自己的情趣，但不可过分看重它们，留滞其中，难以自拔，而终致带来悔恨与毁灭。

心情选择记忆，记忆影响人生

时当喧杂，则平日所记忆者，皆漫然忘去；境在清宁，则夙昔所遗忘者，又恍然现前。可见静躁稍分，昏明顿异也。

在环境喧嚣杂乱、心情浮躁的时候，平日所记忆的事物，就会忘得一干二净；在环境宁静清明、心神平和的时候，以前所遗忘的事物又会忽然浮现在眼前。可见心神的浮躁和宁静只要稍微有点区分，灵智的昏暗与明朗就会迥然不同。

【金句解读】

宇宙臣服于宁静的心灵。心理学的研究亦显示，一个人心情愉快的时候，不只会对自己、人生及世界有较乐观的看法，还能从当下的周遭世界里发现更多愉悦、正面的信息，而且在回忆时，也能想起更多愉快的、让人回味无穷的往事，这些都有助于他继续保持愉快的心情。而心情悲伤的时候则刚好相反。所以，每天醒来时，我们最好提醒自己："我决定以愉快的心情来度过这一天。"

夜深人静时的体悟与惭愧

夜深人静独坐观心，始觉妄穷而真独露，每于此中得大机趣；既觉真现而妄难逃，又于此中得大惭忸。

夜深人静时，独自静坐观察内心，方才感觉妄念消失而真心显露，每当这个时候就能体会生命的真正乐趣。但等到发觉真心的显现为时甚短，难以摆脱的妄念再度盘踞心头，这个时候又会自觉非常惭愧不安。

【金句解读】

苏东坡有句词："长恨此身非我有，何时忘却营营？"生动地描述了很多人内心的纠结：我的内心好像有两个我，一个是为名利而奔走的妄我，一个是对此感到不满的真我。妄我主导了我们白天的忙碌生活，而到了夜深人静时，真我显露，才让我们警觉那并非我们想要的人生，但又难以摆脱。如果你真的感到惭愧，那就必须下定决心对自己的人生做个大盘点。

学习倾听和阅读自己的内在

人心有一部真文章，都被残篇断简封锢了；有一部真鼓吹，都被妖歌艳舞湮没了。学者须扫除外物，直觅本来，才有个真受用。

每个人的心中都有一篇真正的好文章，可惜被外面破碎杂乱的文章给封闭了；每个人的心中也都有一首真正的美妙乐曲，可惜却被世俗的靡靡之音给掩盖了。一个好学的人必须扫除外物，直接寻觅自己心中本有的真谛，才能一生受用不尽。

【金句解读】

禅宗六祖惠能说："若无世人，一切万法，本自不有。故知万法本自人兴，一切经书，因人说有。"人世间所有的书籍、音乐等都是以前的智者和觉者在倾听自己内在后的心得，换句话说，它们都是"人性中本自具有的"。惠能不识字，为什么能说出很多精妙的道理？除了听闻外，主要就是来自"阅读心中本有的好文"。学习倾听和阅读自己的内在之声，才是我们最重要的功课。

把一切看淡，心静自然凉

欲其中者，波沸寒潭，山林不见其寂；虚其中者，凉生酷暑，朝市不知其喧。

一个内心充满欲望的人，能使平静的心湖掀起汹涌的波涛，即使在深山丛林里也无法安静下来。一个内心没有欲望的人，即使在盛夏酷暑也会感到凉爽，置身闹市中也不会觉得喧嚣。

【金句解读】

漫步于山林中，让人感受到难得的宁静，但这种宁静其实是山林所给的，更确切地说，应该是我受山林宁静的感染而得到宁静。如果我想经常拥有这种宁静，那么我就要在自己心中拥有一片山林，可随时供我徜徉，也就是我要先有一个宁静的心灵。所谓"心静自然凉"，凉，不只是一种凉爽的感觉，还是一种淡然的态度，把一切都看淡。当你把一切都看淡了时，周遭自然也就一片清凉。

何必再为暑热与贫穷烦恼

热不必除，而除此热恼，身常在清凉台上；穷不可遣，而遣此穷愁，心常居安乐窝中。

暑热不必想方设法去消除，只要消除烦躁不安的情绪，身体就宛如坐在清凉台上一般舒爽；贫穷也不必用什么方法去消除，只要能排除因贫穷而生的愁绪，那就能像生活在快乐窝里一般幸福。

【金句解读】
有人认为这是不想积极去解决问题，而是逃避问题的消极办法。但如果问题根本无法解决或超出你的能力范围，那该怎么办？连爱因斯坦都说："如果你无法解决问题，那就改变对问题的看法。"除了庄子的"知其不可奈何而安之若命"，改变想法，认为暑热没什么好烦恼、贫穷没什么好忧愁的，可能是更好的方法。而当你放松心情后，说不定反而能豁然开朗，找到另外的解决办法。

停止机心算计，心胸放高远

机息时，便有月到风来，不必苦海人世；心远处，自无车尘马迹，何须痼疾丘山。

停止算计的念头之后，就会感到犹如明月清风到来般轻松舒畅，不必再为人间的烦恼而痛苦；心胸放得开阔高远后，自然不会再听到车马的喧闹声，又何必眷恋山林的隐居生活？

【金句解读】

陶渊明有首诗，诗中前四句为："结庐在人境，而无车马喧。问君何能尔？心远地自偏。"正是上面这段话的最好说明。

在清风明月、山林幽泉中，固然可以让人感到宁静安详，但你不可能终日与它们为伍，根本之道还是在于你自己的心思。只要停止机心，开阔心胸，以心转境，那不管在什么环境中，心中都会有清风明月、山林幽泉，让你怡然自得。

静中见真境，淡中识本然

风恬浪静中，见人生之真境；味淡声稀处，识心体之本然。

人只有在风平浪静的生活中，才能发现人生的本来真境；只有在粗茶淡饭、少有声色的生活中，才能体认心灵的本来面目。

【金句解读】

一般人成天忙碌，为了温饱和名利而四处奔波，难得静下心来想一想，人生究竟是什么？自己这样忙碌又是为了什么？或许，若你能放下工作，过段清静的生活，内心也跟着放空，在内外都清静的情况下，你才能或终于发现真正的人生在本质上其实无风也无浪，一片宁静。你像无头苍蝇般忙碌钻营，无疑是在让你的人生失真。而也只有在远离声色的清淡生活中，你才能认识到自己的本性原本就是清清淡淡的，而就像弘一法师所说"淡有淡的滋味"，这种滋味也值得你仔细去品尝。

事来心始现，事去心随空

风来疏竹，风过而竹不留声；雁渡寒潭，雁去而潭不留影。故君子事来而心始现，事去而心随空。

当风吹来，吹得竹林沙沙作响，待风离去后，竹林却没有留下任何声音；当大雁飞来，寒潭倒映出它的影子，等大雁飞走，水面却再也看不到任何雁影。所以君子应该在事情来临时，才显现他的心思，事情过后，也就放空心思，重回平静。

【金句解读】

不管外界如何纷乱骚动，内心都保持宁静，不受影响，这样的理想境界实非常人可及。较容易达到的修为是，我们对外在刺激还是会有反应，但刺激过后，反应也随之消失，而没有留下任何痕迹。也就是说，事情还没来时，我们不必在心里乱揣摩、空焦虑；事情过后，过了就过了，我们也无须停留在不断的懊恼与悔恨中，而应该放空心灵，迎接另一回合的外在刺激。

看花瓣纷落，心里自在悠闲

古德云："竹影扫阶尘不动，月轮穿沼水无痕。"吾儒云："水流任急境常静，花落虽频意自闲。"人常持此意，以应事接物，身心何等自在。

古代的高僧说："被风吹动的翠竹影子扫过台阶，阶上的尘土却丝毫不动；月亮的轮影穿透池沼，却没有在水面留下任何痕迹。"儒家的学者也说："水流不管多急促，周遭的环境却一直很安静；尽管看着花瓣纷纷落下，但心里却一片自在悠闲。"如果能经常抱持这种意趣来待人接物，那身心将会是何等的自由自在。

【金句解读】

佛家和儒家都经由观察自然现象而体悟到：处在纷乱的骚动中，依然有清闲而安静的存在。他们都把这种"自由自在"视为一个人待人接物的理想境界，但这并非苏洵所说的"泰山崩于前而色不变，麋鹿兴于左而目不瞬"。苏洵的"不"字，让人想到克制、压抑，真正的"自由自在"是自发性的，它不是一种人格修养，而是来自放空心灵后的清闲宁静。

知身不是我，烦恼更何侵

世人只缘认得我字太真，故多种种嗜好，种种烦恼。前人云："不复知有我，安知物为贵？"又云："知身不是我，烦恼更何侵？"真破的之言也。

世人只因为把"我"这个字看得太重，所以多了各式各样的嗜好，也产生了种种烦恼。从前的人说："不再知道有'我'的存在，又怎会知道外物的可贵？"又说："知道这具身躯不是我所有，烦恼又如何侵害我？"真是点破要旨的说法啊！

【金句解读】

多数人都有过专注于某事而"浑然忘我"（不复知有我）的美好经历，而所有的烦恼与痛苦都是因为摆脱不了"我执"（我在苦恼）。但要如何"知身不是我"？有一个方法是练习不要再用"我"去观照自己，比如不是"我在痛苦"，而是"有一个王某某在痛苦"，站在身外看自己，了解到不只身体不是我的，所有的名利及一切也都不是我的，那还有什么好计较和烦恼的呢？

人我无别，动静两忘

喜寂厌喧者，往往避人以求静，不知意在无人，便成我相，心着于静，便是动根，如何到得人我一视、动静两忘的境界？

喜欢寂静而讨厌喧闹的人，往往会躲避他人来求得安静，却不知有意避开人就是执着于自我，内心执着于安静就是躁动的根源。这样怎么能达到人我没有差别、动静都遗忘的境界？

【金句解读】

为什么想要避开"人"？因为有一个"我"的存在。为什么想要"静"？因为觉得外面很"动"。"人"是因"我"而成，"静"是对"动"而起。意识到一方，另一方必紧随在后或隐藏其后。越想要避开"人"，就越摆脱不了"我"；越希望能够"静"下来，就越受"动"的纠缠。解脱之道是"两忘"：忘了人跟我、动与静。没有人没有我，不知动不知静，这样才能静下来。

莫被自以为是的固执蒙蔽

纵欲之病可医，而势理之病难医；事物之障可除，而义理之障难除。

放纵欲念的毛病可以医治，固执己见的毛病则难以医治；被事物蒙蔽的障碍可以清除，自以为是的障碍却难以清除。

【金句解读】

本能的欲望必须得到适度的满足，过度放纵而沉溺其中固然是一种病，但它也不是无底深渊，超过一个极限所带来的身心伤害，往往会让人有所警惕而得以挽回。但固执己见者却不会认为自己有什么不对，要他放弃自己的观点反而比登天还难。

人难免会被事物蒙蔽，但一经解说，通常就能豁然开朗。麻烦的是，自以为是者觉得自己的看法千真万确，根本无法被说服。这也是王阳明所说的"去山中贼易，去心中贼难"，总是自以为是的人都要引以为戒。

放下阻碍真理的偏见

利欲未尽害心，意见乃害心之蟊贼；声色未必障道，聪明乃障道之藩屏。

追求名利的欲望未必都会残害人的心性，只有自以为是的偏见才是残害心灵的毒虫；声色之娱未必都会妨碍个人对真理的追求，只有自作聪明才是追求真理的最大障碍。

【金句解读】

为了满足名利的欲望，有的人会做出伤天害理的事，但这种欲望也可能成为激发个人奋发向上的动力，所以它未必都会残害心性，端看个人怎么发挥。而个人的偏见，就像一副有色眼镜，看什么都被扭曲了，却还自以为是，这才是对心性最大的残害。

声色之娱来自本能需求，绝非毒蛇猛兽，只要个人懂得节制，也未必都会损及自身对真理的追求。反倒是自作聪明，自以为高人一等，自觉什么看法都是对的，固执己见而又不知反省、不知长进，这才会给追求真理带来最大的阻力。

摆脱对富贵与仁义的执念

放得功名富贵之心下，便可脱凡；放得仁义道德之心下，才可入圣。

一个人要能抛开功名富贵的心思，就可以超越凡俗；要放得下对仁义道德的执念，才可以达到圣贤的境界。

【金句解读】

有人说："拿得起，是能力；放得下，是智慧。"能博得功名富贵，表示你有本事；但在拥有后又能放得下，才显示出你真正的高明，这也的确算得上是超越凡俗了。放不下就表示还在执着，还有贪念，即便是执着于仁义道德，亦无法摆脱尘世的束缚，又怎么算得上是达到了圣贤的境界呢？

不只功名富贵与仁义道德，生活的艺术就在于决定什么是应该抓住的，什么又是应该放手的。而轻松放手，总是比勉强抓住让人更自在，也更愉快。

保持头脑清醒、身心松弛

念头昏散处，要知提醒；念头吃紧时，要知放下。不然恐去昏昏之病，又来憧憧之扰矣。

因意念杂乱而感到昏沉时，就应该平静下来让头脑清醒；因工作烦琐而情绪紧张时，就要懂得放下，让情绪恢复镇定。若不这样调节情绪，恐怕刚治好头脑昏沉的毛病，便又陷入思绪摇摆不定的困扰中了。

【金句解读】

当你因用脑过度，对问题想太多、想太久后，心智的"保险丝"过热，思绪陷入了混乱而昏昏沉沉的状态中时，最好的解决办法就是不要再想，改去做别的事，等"保险丝"凉下来，头脑才能恢复清醒。而你在工作过度，情绪变得非常紧张时，最好的解决办法就是立刻放下工作，休息、听音乐或吃点心，让绷紧的神经松弛下来。如此，才能更有效率地重新出发。

少事为福，多心招祸

福莫福于少事，祸莫祸于多心。唯苦事者，方知少事之为福；唯平心者，始知多心之为祸。

人生没有比清闲少事更幸福的了，也没有比多心多事更大的灾祸了。只有每天为事情太多而苦恼的人，才知道事情少的幸福；只有心平气和的人，才知道多心猜疑的祸害。

【金句解读】

俗语说："多事不如少事，好事不如无事。"完全无事，不太可能；自己分内的事还是要做的，但跟自己没什么瓜葛的事，还是尽量不要去攀附，这样才不至于身不由己，被琐事缠身或惹是生非，让心灵保持清静平和，平安就是福。

但闲来无事，若胡思乱想，难免会"疑心生暗鬼"，不只让自己心神不宁，若形之于外，还可能因此而惹祸上身。"少事"是身外没有太多事，"不多心"是心内没有太多想法；身外和心内都力求简单，就是让自己得福免祸的根本。

热中着冷眼，冷处存热心

热闹中着一冷眼，便省许多苦心思；冷落处存一热心，便得许多真趣味。

在热闹场中，用一点冷静的眼光去观察，就可以省却许多苦恼的心思。在冷落的境遇中，保存一点积极的热心，便可以得到许多真正的趣味。

【金句解读】

这让我想起禅宗六祖惠能所说的一句话："若有人问汝义，问有，将无对；问无，将有对；问凡，以圣对；问圣，以凡对。"他从中发展出来的"三十六对法"，原是在教导弟子打破执着的思维训练法，但这对现代人来说，其实也非常有用。套用惠能的说法："你思热，我就想冷；你说冷，我就话热；你忆苦，我就思甜；你思甜，我就忆苦。"这样做不仅可以打破我们在看问题时常见的偏颇与执着，而且还能让我们的心胸更开阔，让我们的生活有更丰富与均衡的品位。

要动处静得来，苦中乐得来

静中静非真静，动处静得来，才是性天之真静；乐处乐非真乐，苦中乐得来，才是心体之真机。

在安静的环境中得到的宁静，并非真的宁静，只有在喧闹的环境中能保持心情的平静，才是合乎本然之性的真宁静；从嬉游欢笑中得到的快乐，并非真的快乐，只有在艰苦的环境中仍然能快乐得起来，才是人类本性中真正快乐的境界。

【金句解读】

有人建议我们要到喧闹的环境中去锻炼自己保持一颗宁静的心，要在困苦的生活中学习保持快乐的心情，这种"以境练心"固然也是一种方法，但似乎有点勉强。其实，真心是不会因外在环境而动摇的，它一直是宁静、安详而快乐的。我们真正要做的是去妄存真、明心见性、"以心转境"，在喧闹与困苦中，依然宁静而快乐。

非幻无以来真，虽雅不能离俗

金自矿出，玉从石生，非幻无以求真；道得酒中，仙遇花里，虽雅不能离俗。

黄金是从矿物中冶炼出来的，美玉是从石头中分离出来的，可见不经变幻就无法获得真悟；从饮酒中可以悟道，在烟花丛里能遇见仙人，可见脱离世俗便不能产生雅事。

【金句解读】

我们要如何了解真实与真理？只有认识到什么是虚幻，什么是谬误，才有机会窥探到真实与真理的可能面貌。我们又要如何追求真实与真理？只有从现实世界的虚幻与谬误中去寻找、去变幻，才能打破虚幻触摸真实。现实世界里的虚幻与谬误才是我们必须面对与克服的。

什么是高雅的人或事物？每个人的定义和见解尽管不同，但高雅的人或事物都只能存在于平凡而庸俗的世界里，而且是从平凡与庸俗中提炼出来的。排斥平凡与庸俗，甚至对此嗤之以鼻，都只是自以为是的假高雅。

苦心中有快乐，得意时生悲伤

苦心中，常得悦心之趣；得意时，便生失意之悲。

在苦苦用心之中，却经常体味到心情愉快的乐趣；在志得意满时，反而会无故生出失意落魄的悲伤。

【金句解读】

辛苦工作中所体味出来的愉悦乐趣，不同于一般的愉悦乐趣，不管最后是否能带来成功，辛苦用心本身就让自己觉得自己是个有用、有尊严的人，而为此感到满意与骄傲。这也是辛苦用心所能给自己的最佳报酬。

志得意满时所感受到的失意哀伤，也不同于一般的失意哀伤。它似乎在跟志得意满时的快乐唱反调，但这是在提醒我们得意与快乐的短暂，我们不可沉溺其中，以免被接踵而来的不测所淹没。

有功不骄矜，有过要悔改

盖世功劳，当不得一个矜字；弥天罪过，当不得一个悔字。

纵然有盖世的功劳，也承受不了一个骄矜的"矜"字，骄矜了就会前功尽弃；即使犯了滔天大罪，也挡不住一个忏悔的"悔"字，只要能真诚忏悔，就能有赎回以前的罪过的机会。

【金句解读】

个人的心态往往比所做的事更值得关注。一个人即使有盖世功劳，但若因此而志得意满、盛气凌人，那不只会让人看轻和鄙视，而且还会导致接下来的失败。而一个人犯下滔天大罪，如果能真心忏悔，那也就有了被宽恕的机会，但更重要的是还需有改过的具体行动。如果只是泪流满面地忏悔，但悔而不改，没多久就又故态复萌，那这种悔只会让人更加看轻与鄙视。

逆境往上爬，顺境朝下走

居逆境中，周身皆针砭药石，砥节砺行而不觉；处顺境内，眼前尽兵刃戈矛，销膏靡骨而不知。

处在艰困的逆境中，四周都是治病的针砭药石，能在不知不觉中砥砺你的操守和品行；处在安逸的顺境中，眼前尽是兵刃戈矛等利器，会在不知不觉中消磨你的灵魂和身体。

【金句解读】

人生的路途起起伏伏，多数人都喜欢舒畅的顺境而讨厌艰困的逆境，但两者其实都难以避免，换个角度和心情来看待它们才是明智的做法。

在逆境中，要克服的困难很多，而且感觉很吃力，它就好像在爬山，虽然较艰难，但能引领我们向上；反之，在顺境中，一切都让人感到愉快，那就好像在下山，虽然轻松，但其实我们是在往下走。有了这种认识，心情就会不一样。

无心求福反得福，有心避祸却招祸

贞士无心徼福，天即就无心处牖其衷；险人着意避祸，天即就着意中夺其魄。可见天之机权最神，人之智巧何益。

有气节的君子虽然无心为自己谋求福祉，老天却在他不留意处启发他完成心愿，使他获得福分；而奸邪的小人虽然费心想逃避灾祸，老天却在他巧用心机时夺其魂魄，使他遭受灾祸。可见上天的灵活变化最神奇，人的智巧根本比不上。

【金句解读】

有道是，"是福不是祸，是祸躲不过"，很多事情的发展往往不是人力所能改变的，那要如何自处？《中庸》告诉我们："上不怨天，下不尤人，故君子居易以俟命，小人行险以徼幸。"君子安分守己，做好当下该做的事情；而小人尽做些危险的事，想要侥幸逃避。但结果是无心求福反得福，有心避祸却招祸。

恩里由来生害，败后或反成功

恩里由来生害，故快意时，须早回头；败后或反成功，故拂心处，莫便放手。

在得到恩惠时往往会招致祸害，所以在称意快心时必须早点回头；失败挫折或许有助于成功，所以在不如意时不要轻易放弃。

【金句解读】

人不只想要快乐和成功，还渴望能一直持续下去。但世事无常，天下没有永远不变的事，当快乐达到一个程度时，就要懂得见好就收、急流勇退，才可避免不必要的苦恼。

失败虽然让人气馁，但俗语说得没错，"失败为成功之母"，遭遇失败和挫折后，不可轻言放弃，最好能坚持下去，才能迎接随后可能到来的成功，使过去的努力不至于白费。

一费心经营，高雅就沦为庸俗

山林是胜地，一营恋便成市朝；书画是雅事，一贪痴便成商贾。盖心无染著，欲境是仙都；心有系恋，乐境成苦海矣。

秀丽的山林原本是居住胜地，一旦迷恋经营，就会变成喧嚣的闹区；琴棋书画本来都是高雅趣味，一旦贪恋痴狂，就充满了庸俗的市侩。一个人只要心地不受外物污染，即使置身人欲横流的花花世界，也可以将其变成自己的快乐仙境；反之，一旦内心有所迷恋和盘算，那快乐的仙境也会变成人生的苦海。

【金句解读】

到一个国家级的风景区，买了300元的门票入场，发现到处是游客，大家忙着拍照、吃东西、嬉闹，没有几个人真正在欣赏风景。去看一个画展，觉得一幅画很有意境，细看旁边小小的标价——"1,200,000"，顿感索然无味。不管什么东西，一旦有了价码，高雅也就容易流为庸俗；但奇怪的是，如果能将价码拉得更高，那又会让某些身处其中的人觉得自己"很高雅"。

即使是理想，也不要太过

气象要高旷，而不可疏狂；心思要缜密，而不可琐屑；趣味要冲淡，而不可偏枯；操守要严明，而不可激烈。

人的气度要高放旷逸，却不可流于疏浅轻狂；心思要细致精密，却不可沦为杂乱琐碎；趣味要谦冲淡泊，却不可流于单调枯燥；操守要严正光明，却不可变成偏激刚烈。

【金句解读】

这段话让人想起儒家的中庸之道，但又不太一样。因为中庸之道指的是不偏不倚、无过无不及是一种折中调和的处世态度。而本文中所说的高旷、缜密、冲淡、严明这四种境界，都属于比中庸要偏高许多的理想，所以它没有说务必做好，只强调不可太过，而变成疏狂、琐屑、偏枯、激烈。其实，不要那么高旷、缜密、冲淡、严明，恐怕更容易做到，也更符合儒家的中庸之道。

要放任或收束身心，操之在我

白氏云："不如放身心，冥然任天造。"晁氏云："不
如收身心，凝然归寂定。"放者流为猖狂，收者入于枯寂。
唯善操身心者，把柄在手，收放自如。

白居易说："不如放任自己的身心，在冥冥中任凭天然去
造就。"晁补之说："不如收束自己的身心，凝神回归寂静安
定。"放任身心的人容易流为猖狂，收束身心的人难免落入枯
寂。只有善于掌握自己身心的人，把主导权握在自己手中，才
能收放自如。

【金句解读】

这段话比较接近禅宗的"中道"思想。凡事都可做正反两
面的思考，但不管是正向或负面思考，其实都是偏执。在观念
的取舍之间，"中道"思想主张的不是半取半舍，而是可取可
舍、有取有舍、能取能舍，该取的时候就取，该舍的时候就舍。
什么时候放任身心，什么时候收束身心，完全操之在我，这才
是真正的收放自如。

美德与高风，不宜太苦过枯

忧勤是美德，太苦则无以适性怡情；淡泊是高风，太枯则无以济人利物。

忧心勤劳、尽心做事是一种美德，但太过分了就会失去怡情养性的生活情趣；淡泊名利是一种高风亮节，但太过淡泊，就会失去做一番事业、贡献社会的动机。

【金句解读】

忧勤是儒家重视的美德，淡泊是道家喜欢的高风，洪应明将它们兼容并蓄，正表示它们都是受人肯定，让人向往的。但不管是人品、意境或其他物品，如果太美、太高，就会让人觉得不寻常、不合常理、稀奇古怪，即使再好，也是不自然、难以持续、绑手绊脚的。

但最大的问题还是在于"物极必反"，这也是过度标榜和奉行儒家与道家思想的流弊：儒家的忧勤虽然好，但一过度，就会翻转成为"苦"；道家的淡泊虽然高雅，但一过度，也会翻转成为"枯"。这也是我们应该避免的。

交还乌有先生，不问白衣童子

损之又损，栽花种竹，尽交还乌有先生；忘无可忘，焚香煮茗，总不问白衣童子。

一再减少心中的物质欲望，每天种些花、栽些竹，把世间的一切烦恼都交还乌有先生，抛到九霄云外；脑海中已经没有什么再可以忘记的东西，每天就焚香煮茶，也懒得问送酒来的白衣童子是何许人，而进入完全忘我的境界。

【金句解读】

栽花种竹、焚香煮茗要比钓鱼和下棋更高雅，但在做这些活动时，还是要抛开烦恼，浑然忘我，才是真正的臻于化境。"乌有先生"是司马相如《子虚赋》里虚构的人物，"白衣童子"是重阳节时送酒来给陶渊明的神秘人物，"交还乌有先生"与"不问白衣童子"，正表示当事者已经忘无可忘，而臻于化境，怡然自得了。

辑四 破迷除障的红尘修行

降伏客气与妄心，恢复正气与真心

矜高倨傲，无非客气，降服得客气下，而后正气伸。情
欲意识，尽属妄心，消杀得妄心尽，而后真心现。

一个人之所以会骄矜高傲，无非是来自浮夸的习气，只有
消除这种不良的习气，光明正大的浩然之气才会出现。一个人
的欲望和意念，都是来自虚幻无常的妄心，只要能消除这种虚
幻的妄心，自然能显现清净的真心。

【金句解读】

儒家认为，每个人内心原都有一股光明正大的正气，但受
后天浮夸习气的影响，而变得在意利害得失；个人修身应以降
伏不良习气，伸张正气为目标。佛家认为，每个人内心原都有
一颗清净自在的真心，但受后天欲望妄念的影响，而变得贪嗔
痴；个人修行应以消除妄心，显现真心为宗旨。两家的说法非
常类似，但儒家的正气是否就等于佛家的真心，那就要看你怎
么想了。

完成三个目标的三个要求

不昧己心，不拂人情，不竭物力。三者可以为天地立心，为生民立命，为子孙造福。

不违背自己的良心，不做绝情绝义的事，不竭尽物资财力，具备了这三件事可以为天地树立合乎自然的心性，为百姓确立安身立命的指南，为后世子孙创造幸福。

【金句解读】

北宋的张载说，士大夫要"为天地立心，为生民立命，为往圣继绝学，为万世开太平"。对普通人来说，后面两个目标太过遥远，还是"为子孙造福"比较切实。但要如何达到句中所说的这三个目标，洪应明提出了三个要求：对自己要不违背良心，对他人不能做绝情绝义的事，对世界要不耗尽（珍惜）物资财力。这也是现代人在个人修为、待人处世方面应该有的准则。

管控好欲理路上的脚步

欲路上事，毋乐其便而姑为染指，一染指，便深入万仞；理路上，毋惮其难而稍为退步，一退步，便远隔千山。

欲望方面的事，不要因为贪图方便而姑且随意沾染，一旦沾染，就会坠入万丈深渊。义理方面的事，也不要因为害怕困难而稍做退缩，一旦退缩，就会与真理相隔万水千山。

【金句解读】

儒家的宋明理学主张"存天理，去人欲"，这里的"人欲"指的是山珍海味、锦衣华服等非本能的人为（后天）欲望，而"天理"则是由性善与良知衍生出来的对公平、正义、理想社会的渴望。人欲与天（义）理多少都是人所向往的，但会互相限制与阻碍，我们很容易掉进人欲的诱惑坑洞，而在迈向义理的路上举步维艰。想要有更高更好的人生，就要管控好自己在欲理路上的脚步。

反省欲望的最佳时刻

一灯萤然，万籁无声，此吾人初入宴寂时也；晓梦初醒，群动未起，此吾人初出混沌处也。乘此而一念回光，炯然返照，始知耳目口鼻皆桎梏，而情欲嗜好悉机械矣。

一盏孤灯如荧光闪烁，整个世界空寂无声，这是我们的身心刚刚要进入休息的时候；拂晓从梦中醒来，还没有开始一天的活动，这是我们刚刚走出朦胧梦境的时候。趁着这刚刚休息和刚刚醒来的当下，好像有一线灵光闪烁在脑海，使我们突然心有所悟，明白眼、耳、口、鼻都是束缚我们的镣铐，而情感、欲望、嗜好都是制约我们的器械。

【金句解读】

在刚刚休息和刚刚醒来，也就是意识要进入转换状态时，如果能冷静反省，最容易醒悟：我们每天都在为欲望而忙碌，能得到满足固然高兴，但无法获得满足的失望也许更多。而且这次获得满足了，下次却需要获得更多才能有同样的欣喜。这些欲望虽是生命的驱动力，但其实也是人生的桎梏。我们还要受它制约到何时？

以洞识和毅力节制私欲

胜私制欲之功，有曰识不早，力不易者，有曰识得破，忍不过者。盖识是一颗照魔的明珠，力是一把斩魔的慧剑，两不可少也。

对战胜私情、克制欲望的功夫，有人说没能及早发现私欲的危害，又没有坚定的毅力去控制；有人说虽然能看清私欲的危害，却又忍受不了诱惑。其实，一个人的洞识是照亮妖魔的明珠，毅力是斩杀妖魔的慧剑，想要战胜私情和欲望，两者缺一不可。

【金句解读】

很多欲望都是与生俱来的天性，把它们都说成妖魔其实有点夸张，"制欲"并非要"斩妖除魔"，亦非对欲望进行断舍离，而是要懂得驾驭与节制它们。我们不必排斥欲望所提供给我们的快乐，而是要像诺贝尔文学奖得主赫尔曼·黑塞所说："有节制的快乐，是双重的快乐。"除了因满足而快乐外，更因知所节制、自觉有尊严而得到另一种快乐。而要知所节制，当然还是需要相当的洞识与毅力。

欲望是马，而你是骑师

念头起处，才觉向欲路上去，便挽从理路上来。一起便觉，一觉便转，此是转祸为福，起死回生的关头，切莫轻易放过。

当心中欲念刚一浮起，发觉自己正往逞欲之路上走时，就应该立刻用理智把它拉回到正路上来。欲念一起就要立刻警觉，有所警觉就要立刻转头，这正是转祸为福、起死回生的紧要关头，千万不可以轻易放过。

【金句解读】

对于不当的欲望，要求自己不能起心动念，也许比较困难；但在它还只是星星之火时，马上扑灭它，则比较容易。这就好像骑马，欲望是马，而你是骑师，当马刚走进岔路时，你立刻拉动缰绳，策马转头，即可将它导向一个更正确的方向；否则等到它走到半路，或已在窄路上开始奔跑时，你才想要拉它回头，那不只困难重重，还可能因此失足跌倒。

像对家人般对待你的欲望

耳目见闻为外贼，情欲意识为内贼。只是主人翁惺惺不昧，独坐中堂，贼便化为家人矣。

耳朵所听见、眼睛所看到的刺激是身外的盗贼，七情六欲与思想活动则是身内的乱贼。但只要这个身体的主人（即灵魂）能保持警觉、清醒、不愚昧，严谨地坐镇中枢，那么这些使人受到诱惑的心理和感受不仅难以为害，还会化为帮助自己培养正直品德的好帮手。

【金句解读】

外在的刺激与内心的蠢动是我们在面对欲望时的两大挑战，若不想沦为欲望的奴隶，那就要成为欲望的主人。像对待家人一样，应该尊重、珍惜你的欲望，要让它们得到适度的满足，而非让它们挨饿受冻，更不可动不动就监禁、鞭笞它们，而是要给予适度的约束和调教，让它们得到有尊严的快乐与满足。

面临考验时，做出应有的选择

　　宁守浑噩而黜聪明，留些正气还天地；宁谢纷华而甘淡泊，遗个清名在乾坤。

　　宁可保持浑然纯朴的本性而摒除机诈乖巧的聪明，保留一些刚正之气还给天地；宁可抛弃世俗的荣华富贵而甘于淡泊恬静，在尘世里留一个纯洁高尚的清名。

　　【金句解读】

　　在"聪明"与"浑噩"间，洪应明劝大家选择"浑噩"；在"纷华"与"淡泊"间，劝我们选择"淡泊"。这是在呼应他一贯的立场，似乎也是一种消极无为的人生观。但做这种选择的用意却是为了"留正气"与"遗清名"，所以，他的"无为"应该是"有所不为"，不是不分青红皂白地排斥聪明与荣华富贵，而是如果这样的聪明与荣华违背了自己的真心、良知或底线，那他宁可放弃。我想，这才是他做这种选择的主要考量，也是我们在面对同样情况时应该有的态度。

如何通过三种情境的考验

风斜雨急处，要立得脚定；花浓柳艳处，要着得眼高；路危径险处，要回得头早。

在急风暴雨的动荡局面中，要站稳自己的立场；在花浓柳艳的诱人环境中，要眼界高远以免被冲昏了头；在狭窄危险的崎岖世路上，要及早回头以免深陷其中。

【金句解读】

风斜雨急、花浓柳艳、路危径险三者都是比喻，分别代表动荡的局面、诱人的环境与崎岖的世路。这三种情境都各有危机与考验，我们想要安然度过，就需要有不同的修为：要在风雨飘摇中坚定自己的立场、站稳脚步；在声色犬马的诱惑中抬高眼界，以更美好的未来为目标而奋斗；在崎岖世路的危险中悬崖勒马、及时回头。这样才能通过考验，步上坦途。

见多识广，培养气度和品德

德随量进，量由识长。故欲厚其德，不可不弘其量；欲弘其量，不可不大其识。

人的品德会随着气度而增进，气度又会随着见识而增长。因此，想要提高自己的品德，就不能不使自己的气度更加宽大；而要想使气度更加宽大，就不能不开阔自己的见识。

【金句解读】

见多识广的人，眼界较为开阔，观察力和判断力也比常人更高，气度也会随之宽大；而气度宽大，不只对是非曲直、善恶真伪能有较全面的考量，也有助于自己品德的提高。但要如何增广见闻呢？"读万卷书，行万里路"，从古今中外名人的人生心得及实地的见闻与阅历中吸取经验，并将静态阅读和动态游览的经验相互验证，这是愉快而又有效的方法。

当然，也有人因见多识广，而认为道德只是一个可以善加利用的幌子。这的确让人遗憾，也应该小心分辨与防范。

读书要神会，观物要心融

善读书者，要读到手舞足蹈处，方不落筌蹄；善观物者，要观到心融神洽时，方不泥迹象。

善于读书的人，要读到欢喜雀跃、不禁手舞足蹈起来，这样才不会掉入文字的窠臼；善于观察事物的人，要观察到心思精神都与事物融合为一，这样才不会只拘泥于表象而了解事物的本质。

【金句解读】

读书与观察是让我们见多识广的两个重要途径。读书要读到能手舞足蹈，必须对书中所言不仅心领，而且还能神会，除了直接产生情感上的动容外，还需动脑思考，跟自己过去的经验或读过的书相比较，得到新的领会与启发，而为之欢喜雀跃。

观察事物也跟读书一样，我们只有全神贯注于眼前的事物，与它们融为一体，才能深入事物的本质，掌握其核心要义，将之变为充实自己人生的利器。

让阅读发挥它实际的功效

读书不见圣贤，如铅椠佣；讲学不尚躬行，为口头禅。

读书如果不能和书中的圣贤见面交流，那就好像一个抄书匠；只会谈论学问却不注重身体力行，那就像一个只会念经却不通佛理的和尚。

【金句解读】

"见圣贤"不只是要懂得学习书中的圣贤之道，更要像是在作者（也是圣贤）的陪伴下一起阅读，或者就像他在你身边同你说话一般。你可以跟他面对面做心灵的交流，对他棺出你的疑问，或者在你若有所悟地从书中抬起头来时，就仿佛看到他在身旁对你露出理解的笑容。这样你才能领会书中所言，成为你自己的营养。

而读书最实际的功效不只是吸收书中所言，或在读后说给别人听，而是要身体力行，以行动来证明你对作者在书中所说道理的认同。

读书为学要讲求真实造诣

学者要收拾精神，并归一路。如修德而留意于事功名誉，必无实诣；读书而寄兴于吟咏风雅，定不深心。

求学问一定要去除杂念，集中精神，专心从事研究。如果在修业进德中又留意于功名利禄，那必然不会有什么真实造诣；如果读书只是对吟咏诗词的风雅之事感兴趣，那一定会显得肤浅而缺乏深度。

【金句解读】

"学以致用"这样的观点并没有错，只是古人认为读书学习就是为了博取功名利禄和创作风雅诗文这两种用途，这未免太过狭隘与浅薄。现代人读书学习，除了要提高精神修养外，更要扩大视野，兵分多路，以满足好奇心和求知欲，增进对宇宙和人间事物的了解，为周遭人遇到的问题带来实质有效的解决方法，这才是读书为学真正有深度的造诣。

领会琴书的弦外之音、言外之意

人解读有字书，不解读无字书；知弹有弦琴，不知弹无弦琴。以迹用，不以神用，何以识琴书之趣？

人们只知道要读有字的书，却不知道要读无字的书；只知道弹奏有弦的琴，却不知道弹奏无弦的琴。只知道运用有形的东西，却不能领悟其中的神韵，这样怎么能理解琴书中的雅趣呢？

【金句解读】

从洪应明所说的"神用"（领略文字之外的神韵）可知，他所说的"无字书"指的应该是一本书文字之外的含义，就像禅宗的《指月录》，书中只写了手指，手指所指的月亮才是精髓。这跟接下来所说的"无弦琴"是互通的，传说陶渊明不解音律，却有一把无弦琴，每有所感，就抚琴抒发己意，而有"但识琴中趣，何劳弦上声"之说。

言外之意、弦外之音，才是我们应该用心去品味的。

说话与行动，都要受心的管控

口乃心之门，守口不密，泄尽真机；意乃心之足，防意不严，走尽邪蹊。

嘴巴是传达心意的大门，守口不密就会泄漏心中的秘密；意念是表现心灵的双脚，提防意念不够严密，就会走进邪路歪道。

【金句解读】

"是非只因多开口"，心直口快并不是什么优点，但一个人会说出什么话，其实都是由内心决定的，因为嘴巴只是心灵的代言人。孔子说："君子欲讷于言而敏于行。"要想说话缓一点、少一点、慎重一点，有赖于对心灵的管控。

而行动，同样也是受到心灵的管控，遇到事情随着自己的意念而行，看似洒脱，但很容易就会变成恣意妄为。不管做什么，我们心中都还是要有必须固守的原则和底线，要以它来管控我们的意念，才不会一时失察，而做出追悔莫及的事。嘴巴要怎么说，意念要怎么走，都应该由心来决定。

虚心才能明理，实心才能却欲

心不可不虚，虚则义理来居；心不可不实，实则物欲不入。

人的内心不可不谦虚，只有谦虚才能接纳真正的真理学问；人的内心也不可不充实，只有充实才能不让物欲乘虚而入。

【金句解读】

我们的心灵非常奥妙，它具有老子所说的"有无相生、虚实相成、大小相较"的特性，也就是说它可以有也可以无，可以实也可以虚，可以大也可以小，不拘一格，相当灵活。重点是在该虚的时候就要虚，该实的时候就要实；该大的时候就要大，该小的时候就要小。这才是做人该有的智慧。

在平常时候，我们应该要放空心思，虚怀若谷，这样才能接纳新的知识和别人的意见；但在面对诱惑时，我们就要以价值观和信念坚定自己的心志，让诱惑不得其门而入。这才是最好的"一心二用"。

吹散心头迷雾，让真心现真境

人心有个真境，非丝非竹，而自恬愉；不烟不茗，而自清芬。须念净境空，虑忘形释，才得以游衍其中。

人的心中有一个真实的妙境，不是丝竹琴笛，却能自有恬静愉悦的音乐；也不是香烟茗茶，却能自有清新芬芳的气味。一个人必须意念澄净，心境虚空，忘记忧思愁虑，解脱形体束缚，才能自如悠游于这种妙境中。

【金句解读】

本文所说的真境，跟禅宗所说的真心（即自性，自体具有真实不变、清净本然的个性）有点类似，它"本自清净，本不生灭，本自具足，本无动摇，能生万法"，但平日里却被个人的见识与情绪所形成的识心所遮染。我们只有去妄存真，吹散妄心所产生的迷雾，让"念净境空，虑忘形释"，才能使真心显现，而自在悠游于它所形成的真境中。

息心了意，重现清净自在

心虚则性现，不息心而求见性，如拨波觅月；意净则心清，不了意而求明心，如索镜增尘。

内心保持清静，本性自然显现，不平息纷乱的心思而寻找人的自然本性，就好像拨开水波寻找月亮一样徒劳；意念保持澄净，心灵自然清明，不能洞悉意念而寻求心灵清明，就好像想用镜子照出自己的模样却反而蒙上了一层灰尘一样枉然。

【金句解读】

明心与见性是禅宗的说法，要平息的"心"是因个人感官知觉与见闻、见识而形成的识心，要了却的"意"是因个人七情六欲与受想行识而产生的妄念。它们遮染了我们的真心，只有吹散遮蔽的迷雾，清洗受到的污染，息心了意，去除识心与妄念，才能明心见性、返璞归真，让真心与自性显现，重拾清净自在。浸没在纷繁复杂的尘世中，做到这点很难，但值得努力。

前念不滞，后念不迎

今人专求无念，而终不可无。只是前念不滞，后念不迎，但将现在的随缘打发得去，自然渐渐入无。

当今之人一心追求心中没有杂念，但终究难以达到心无杂念的地步。其实，只要以前的杂念不滞留于心中，对于未来又不生杂念，将现在的杂念随着机缘一点点打发掉，那么，自然就渐渐达到了心无杂念的境界。

【金句解读】

内心如槁木死灰般不要有任何念头，不仅做不到，而且搞错了方向。有一位卧轮禅师做了一首偈子："卧轮有伎俩，能断百思想；对境心不起，菩提日日长。"禅宗六祖惠能认为这样反而会增加束缚，于是他又做了另一首偈子："惠能没伎俩，不断百思想；对境心数起，菩提作么长？"所谓"心数起"，就是用一个个新生的念头打发掉前面的念头，而达到"心无所住"的境界。

在宁静、悠闲、淡泊中观心证道

静中念虑澄澈，见心之真体；闲中气象从容，识心之真机；淡中意趣冲夷，得心之真味。观心证道，无如此三者。

宁静时，意念思绪清澈，才可以发现心性的真正本源；闲暇中，气度舒畅从容，才能认识心性的真正玄机；淡泊时，意趣清净平和，才可以体会心性的真正味道。想省察内心以觉悟天地间的至理，没有比这三种方法更好的了。

【金句解读】

心的真体是澄澈的，真机是从容的，真味是冲夷（平和）的。洪应明说，我们只有在宁静、悠闲、淡泊的时候才能发现、认识、体会心的真体、真机与真味。其实，真心原本就是宁静、悠闲与淡泊的，当我们去除俗虑与妄念后，自然就会让真心显现，产生宁静、悠闲与淡泊的感觉。它跟洪应明所说的乃是互为因果、相辅相成的。

去除让人苦恼的三种因素

天运之寒暑易避，人世之炎凉难除；人世之炎凉易除，吾心之冰炭难去。去得此中之冰炭，则满腔皆和气，自随地有春风矣。

大自然的寒冬炎夏容易躲避，人世间的炎凉冷暖却难以消除；人世间的炎凉冷暖即使容易消除，积存在我们内心的恩恩怨怨却不易消除。如果能消除积压在心中的恩恩怨怨，那祥和之气就会充满胸怀，到处都吹着让人愉快的春风。

【金句解读】

自然的寒暑、人世的炎凉、内心的冰炭分别代表让人苦恼的三种因素，前两者属于外在因素，是我们难以掌握甚至完全无法改变的，我们唯一能掌握和改变的就是自己内心的想法。所以，想要消除苦恼，在个人修为上能做的第一步，就是改变自己对人对事的看法。当你的看法改变了，你对人世炎凉和自然寒暑的看法也就会跟着改变，至少，这些外在因素不会再像以前那样让你苦恼。

确立我与物的主从关系

以我转物者，得固不喜，失亦不忧，大地尽属逍遥；以物役我者，逆固生憎，顺亦生爱，一毫便生缠缚。

能以我为中心来支配运用一切事物的人，得到了固然不必高兴，失去了也不至于忧愁，在天地间到处都可逍遥自在；以物为中心而受外物奴役的人，遭遇逆境心中就会产生怨恨，处于顺境却又恋恋不舍，如此鸡毛蒜皮的小事便会使自己的身心受到束缚困扰。

【金句解读】

这有点类似庄子所说的"物而不物，故能物物"，使用外物而不为外物所役使，所以能主宰天下万物。在以我转物时，我成了一切外在事物的主宰，它们的价值和意义都由我来决定，只要我还存在，外在事物来来去去，得与失其实都没有什么大不了。但如果让外在事物成为中心，我就会沦为它们的奴隶，身不由己地被它们牵着鼻子走。

去除心中的混浊与苦恼

水不波则自定，鉴不翳则自明，故心无可清，去其混之者，而清自现；乐不必寻，去其苦者，而乐自存。

水面如果没有被风吹起波浪，自然是平静的；镜子如果不被尘土遮蔽，自然是明亮的。所以，人的心灵也没有必要刻意去清洗，只要去除混杂的污秽念头，自然就能呈现清净的面貌；生活也不必刻意去追求什么快乐，只要去除不必要的苦恼，自然就能保持快乐的生活。

【金句解读】

一位和尚问："如何是一尘？"林泉禅师答："不觉成山丘。"尘，就是俗虑、私欲、邪念、烦恼、痛苦，如果不加以清理，不知不觉间就会积累成山丘般庞大，不仅蒙蔽了我们的心灵，而且使我们的内心感到无比沉重。要想恢复内心原本就有的清净与快乐，的确需要"时时勤拂拭，不使惹尘埃"。

冷静应对让人激动的事

君子宜净拭冷眼，慎勿轻动刚肠。

君子应该擦亮眼睛冷静观察，千万不可轻易萌动刚烈的脾性。

【金句解读】

性情刚烈虽然也可以说是一种人格优点，但如果用错地方，遇到不如意或看不惯的事情就暴跳如雷、急躁冲动，就容易失去理智，而做出损人害己的憾事。其实大家也都知道，遇到不如意的事情时，要先以冷静、客观的理性去观察、判断，然后再做出明智的反应，但要在非常情况下保持镇定自若，说来容易做来难，它有赖我们平日的修炼。除了培养开阔的胸襟、淡定的心情外，不妨在心中设想各种会让自己情绪激动的场面，耐心地反复演练要如何应对。这样一来，当真正的事件发生时，我们就可以先深呼吸，慢个十秒钟再做反应。没有人会因为你的冷静、慎重而瞧不起你。

在悠闲时培养淡定的心态

忙处不乱性，须闲处心神养得清；死时不动心，须生时事物看得破。

要想在繁忙时刻不心慌意乱，必须在悠闲的时候养成清净镇定的心神；若想面对死亡时能心态平稳、无所畏惧，就要在活着的时候养成把一切事情都看开的心境。

【金句解读】

我们闲暇时除了放松自己外，也应该把握多余的时间"拜访"自己，邀请"浮躁的我"坐到"安静的我"身边，让整个世界向"你们"走来，让各种喜怒哀乐、纷乱心绪从眼前流过，"安静我"牵着"浮动我"的手一一看过，了了分明而又不动如山。多次练习后，你就能成为自己的主人，待回到忙乱的外在世界里之后，才能表现得更从容淡定。

死亡是人生最后的功课，如果平日就从容淡定、安详自在地活着，那么当死亡来临时，自然也就能从容淡定、安详自在地面对它、度过它，为生命画上一个圆满的句号。

以事后悔悟来破除事前痴迷

饱后思味，则浓淡之境都消；色后思淫，则男女之见尽绝。故人常以事后之悔悟，破临事之痴迷，则性定而动无不正。

酒足饭饱后再回想美酒佳肴的滋味，这时所有的甘美滋味都化为乌有；满足色欲之后再回想当时的酣畅，那男欢女爱的念头也全部消失。因此，人如果能经常以事后的悔悟来破除面临诱惑时的痴迷，心性就能安定，行为也无不合乎正道。

【金句解读】

人在满足欲望后，并不见得就会悔悟，但就像小说家卡夫卡说的："每一种动物，在交配之后都是忧郁的。"在饱餍欲望后，生物的反应不见得都是心满意足，而有可能是感觉到身体的疲乏与心灵的空虚。一再沉溺于某些欲望，特别容易产生这种感觉。人不能只靠沉溺于本能欲望来得到满足，而应该将更多的时间用来追求自己的理想，那才是更有意义与更令人满足的人生。

善用三种情境来充实自己

闲中不放过，忙处有受用；静中不落空，动处有受用；
暗中不欺隐，明处有受用。

在闲暇时不浪费时间，忙碌时就能够受益；在宁静中不落
入空寂，动起来时就能够得利；在私密的空间里不欺骗隐瞒，
在公开的场合里就能受人尊重。

【金句解读】

这段话可以说是上一段话的延伸。我们不只要在清闲时，
做好明心定性的功课，以便能从容应对纷扰的世界；更要善用
了无牵挂的安静时刻，好整以暇地去练习一种技能或学习一门
知识，以备日后派得上用场。而在安静无人的时候，若我们能
多从事有益的活动，而非借助私密无人的空间做见不得人的恶
事，保持问心无愧，自然能培养出光明磊落的浩然之气，让我
们在公开场合中除了能更从容淡定外，还会让人感受到一股慑
人的正直气场。

养成忙里偷闲、动中有静的本事

忙里要偷闲，须先向闲时讨个把柄；闹中要取静，须先从静处立个主宰。不然，未有不因境而迁，随时而靡者。

如果想在忙里能偷闲，必须要在空闲时提前做好安排和打算；如果想在闹中能取静，就必须要在清静时先有一个主张。否则，遇到事情就会被牵着鼻子走，手忙脚乱，弄得一团糟。

【金句解读】

为什么有人能忙里偷闲、动中有静？有人认为那是因为他们习惯了忙与动，所以能从中生出闲与静来。但就像老子所说的"重为轻根，静为躁君"，稳重是轻浮的根本，宁静是浮躁的主宰。忙与动（轻浮与浮躁）并不能生出闲与静，反而是闲与静才是忙与动的根本。我们只有在闲与静中培养出安定与稳重，才能在忙里偷闲、动中有静；也就是说，从容淡定需在闲与静中养成，再到忙与动中去接受磨炼。

旁观者戒迷，当局者要清

议事者，身在事外，宜悉利害之情；任事者，身居事中，当忘利害之虑。

议论事情的人，因自己处在事情的状况外，应该先尽量了解事情的曲直与利害关系；做事的人，因自己处于事情之中，就应当完全抛弃个人的利害得失。

【金句解读】

有人说，离事情越远的人，就会把事情看得越简单，认为明明有个很好的解决办法，为什么大家都没想到？这虽然有讽刺意味，但其实也相当符合事实。一个局外人，对事情雾里看花，根本不知道其中的复杂纠葛，又牵涉多少利害关系，哪能说你想怎么办就怎么办那么容易？所以，对自己没有深入了解的事情，最好不要在一旁说风凉话，否则只会让人看清你的见识浅薄。至于本身是要解决事情的人，那也不必在意旁观者的闲言闲语，专心去理出头绪，一步步让问题获得合理的解决才是正途。

以耐性撑过坎坷的险境

语云："登山耐侧路，踏雪耐危桥。"一耐字极有意味，如倾险之人情，坎坷之世道，若不得一耐字撑过去，几何不堕入榛莽坑堑哉？

俗语说："爬山要耐心走险峻的斜坡路，走雪路要耐心走危险的桥梁。"这一个"耐"字可说意味深长，面对险恶奸诈的世间情，坎坷不平的人生路，如果没有这一个"耐"字苦撑过去，有几个人能不坠入杂草丛生的深沟里呢？

【金句解读】

常听人说"看你有多大能耐"，这个"能耐"指的不只是本领、能力，还有在逆境中将这种能力持续多久的韧性。其实，韧性本身也是一种能力，一个人越有韧性，渡过难关的机会就越大。另外，明朝大儒黄宗羲说："士大夫不耐寂寞，何所不至。"当今之世，不只士大夫，对一般人来说，因为耐不住艰苦寂寞，而做出种种奸邪之事，恐怕是我们更应该警醒、警戒的。

耐心磨炼，静待最佳时机

磨砺当如百炼之金，急就者，非邃养；施为宜似千钧之弩，轻发者，无宏功。

磨炼身心要像炼钢一样反复陶冶，急着想成功的人不会有高深的修养；做大事业要像拉开千钧的大弓一般，要有的放矢，如果随便施为就不能建立宏大的事业。

【金句解读】

所谓"大器晚成""不鸣则已，一鸣惊人"，想成就大事业，就不必急于一时，要懂得等待最佳时机才出击。一项心理学追踪调查显示，在四岁时即懂得"延迟满足"（不能马上得到一颗糖果，但等到实验人员回来时却可拿到两颗糖果）的小朋友比起"迫不及待"（立刻得到糖果，但只能有一颗）的小朋友，在长大后不仅学业成绩较好、社会适应能力较佳，而且对困难有较大的坚忍度，这也都是成就大事业者必须具备的特质。由此可知，胜利属于能耐心等待的人，延迟满足才能得到更大的满足。

接纳上天对我的亏待

天薄我以福，吾厚吾德以迓之；天劳我以形，吾逸吾心以补之；天厄我以遇，吾亨吾道以通之。天且奈我何哉？

上天使我的福分浅薄，我便提高我的品德来迎接它；上天让我的形体劳苦，我便使我的心灵保持安逸来弥补它；上天使我的际遇困窘，我便提高我的道德修养来使它通达。这样上天又能对我怎么样呢？

【金句解读】

俗语说"没有压力，就没有钻石"，在面对种种厄运与逆境时，如果能换个想法，不再认为那是上天亏待你，而是上天在给你机会，想要磨炼你，就像孟子说："天将降大任于是人也，必先苦其心志，劳其筋骨，饿其体肤，空乏其身，行拂乱其所为，所以动心忍性，曾益其所不能。"怀着坚定的心迎接它们，自我砥砺，那必然能学到很多，让生命获得提升。

成功属于经得起打击的人

耳中常闻逆耳之言，心中常有拂心之事，才是进德修行的砥石。若言言悦耳，事事快心，便把此生埋在鸩毒中矣。

耳中经常听到不中听的话，心中经常有不顺心的事，这才是提高道德修养、陶冶品行的砥石。如果听到的话句句悦耳，遇到的事件件称心，那就等于把一生葬送在毒药中了。

【金句解读】

美国小说家图尔，十六岁时就写了第一本小说《霓虹圣经》，但没有出版商对此感兴趣。大学毕业后，他又写了另一部小说《笨蛋联盟》，还是没有人想出版。在四处碰壁后，他罹患抑郁症，于一九六九年自杀身亡，年仅三十二岁。但他的母亲不死心，拿着他的《笨蛋联盟》四处推销，最后终于获得了一家出版社的青睐。图书不仅出版了，而且出版后大获好评，得到一九八一年的普利策小说奖。成功，属于经得起打击的人。

苦与乐相磨炼，疑与信相参勘

一苦一乐相磨炼，炼极而成福者，其福始久；一疑一信相参勘，勘极而成知者，其知始真。

人生路上，经过了困苦与快乐的交替磨炼，磨炼到极致所获得的幸福，才会长久；追求知识时，经过相信和怀疑的交替验证，探索到最后所获得的知识，才是真正的知识。

【金句解读】

一苦一乐相磨炼，就好像洗"三温暖"时的冷热水交替，热水让血管舒张，冷水让血管收缩，借此可促进血液循环和新陈代谢，增强身体抵抗力。想在尘世得到长久的幸福，心志也要经过类似的苦乐磨炼。

相信与怀疑亦复如是，只有通过怀疑的检验，然后相信，才能真正相信，也才是真正收获了知识。一个追求真正知识的人，不是能为每个问题找到答案的人，而是能对每个答案产生疑问，然后热情地去加以验证的人。

居安宜虑患，处变当坚忍

衰飒的景象，就在盛满中；发生的机缄，即在零落内。故君子居安宜操一心以虑患，处变当坚百忍以图成。

萧瑟衰败的景象往往在早期的繁盛圆满中就能见到端倪，蓬勃的生机在秋冬的凋零中即已孕育。所以君子在平安无事时，应该保持防范祸患发生的思虑；在动乱灾难中，应当咬紧牙关坚定信念，谋求最后的成功。

【金句解读】

人世多"由盛而衰"的景象，而自然界则是"冬去春来"的气象，老子由此悟出"有无相生，难易相成，高下相倾，祸福相倚"的哲理。有识之士应该洞烛机先，在人生高潮的时候不要乐昏了头，要为接下来的困难未雨绸缪；在人生低潮的时候也不要气馁，要为接下来的成功勉力前行。

将美德局限在合理的范围内

俭，美德也，过则为悭吝，为鄙啬，反伤雅道；让，懿行也，过则为足恭，为曲谨，多出机心。

节俭，是美好的品德，但过分节俭就会沦为小气，变成吝啬，反而伤害了高雅正道；谦让，是美好的行为，但过分谦让就变成十足的恭维，成了谨小慎微，而且多半是出于别有目的的机心。

【金句解读】

为人处世，最难的是要做到恰到好处。孔子说："夫礼，所以制中也。"礼就是让行为表现得恰到好处的一个规范，节俭与谦让虽然是美德懿行，但也要受到礼的规范。有礼有节、近情近理，才能恰到好处。如果太过分，不只"非礼"，而且可能出于不好的居心。比如过度谦让，就像拉罗什富科所说："拒绝表扬，是想得到第二次表扬。"

让才气散发"德行之美"

节义傲青云，文章高白雪，若不以德性陶熔之，终为血气之私，技能之末。

气节和正义胜过高官厚禄，高妙的文章比乐曲《阳春白雪》更加美妙，但如果不用高深的道德来陶冶，那气节和正义不过是意气用事或感情冲动，高妙的文章也只是微不足道的雕虫小技。

【金句解读】

就好像黏土和矿物必须经过陶冶，才能成为精美而又实用的陶器与金属制品，人的七情六欲与各种技能，也要经过德行的陶冶、化育，才能去芜存菁，臻于更加理想的境界，散发出德行的芬芳与光彩，我们可以称之为"德行之美"。

红尘修行的两个阶段

把握未定，宜绝迹尘嚣，使此心不见可欲而不乱，以澄吾静体；操持既坚，又当混迹风尘，使此心见可欲而亦不乱，以养吾圆机。

当对意志的掌控还不够坚定时，就应该远离物欲环境的诱惑，让自己看不见物欲的诱惑，心神才不会迷乱，这样才能清明自己清静的本性；等到意志坚定可以自我控制时，就要让自己到风尘中接触各种事物，即使面对各种欲望的诱惑，心神也不会迷乱，这样才可以培养自己圆通无碍的心智。

【金句解读】

这是一种修身或修行的"二阶段论"：在第一阶段，要先提高个人定力与自律的功夫，此时不宜接受外在刺激，以免把持不住。在第二阶段，等到有了足够的定力与自律，就要去接受外在刺激的挑战与磨炼，在通过考验后，才能淡定地行走于花花世界中，游刃有余地做自己想做的事。

兼具木石心肠与云水趣味

进德修道，要个木石的念头，若一有欣羡，便趋欲境；济世经邦，要段云水的趣味，若一有贪着，便堕危机。

在进德修业、磨炼心性时，必须要有木石般坚定的意念，一旦对外界的荣华有所羡慕，那就会奔向物欲的境地；在治理国家、服务社会时，必须要有云水僧人般的淡泊雅趣，一旦有贪图权位富贵的念头，就会掉进危机四伏的险恶深渊。

【金句解读】

"木石心肠"通常带有贬义，指一个人心肠冷硬，不为情感所动。对他人如此，当然会让人心寒；即使是这般对待自己，也是太过。但对名利声色的诱惑，确实需要如木石般不为所动，方可减少很多挣扎纷扰。

"云水趣味"虽然高雅，但用在济世经邦上，很可能就会像魏晋名士一般清谈误国，唯独在看淡权位富贵上头，需要有这种趣味。

可以让人期待的理想境界

名根未拔者，纵轻千乘甘一瓢，总堕尘情；客气未融者，虽泽四海利万世，终为剩技。

一个人追逐名利的念头如果没有从根上彻底拔除，即使他能轻视荣华富贵而甘愿过清苦的生活，最后还是无法逃避世俗名利的诱惑；一个人如果不能从内心化解外在的影响，那即使他的恩泽能广被四海、流芳万世，终究还是一种多余的伎俩。

【金句解读】

要彻底拔除名利的念头，完全不受外力的影响，我觉得这是一个太大的理想、太高的期待（或要求），虽然令人难以反驳，但这就好像后来的儒家希望每个人都能以做"圣人"为人生目标一样，即使不是有意说大话，但难免让人感到为难和尴尬。而且把"泽四海利万世"说成"剩技"，未免"太酸"。我觉得大家最好把标准放低一点，尽力而为即可。

辑五　真挚宽容的人我关系

幸福的家庭就是人间天国

家庭有个真佛，日用有个真道，人能诚心和气，愉色婉言，使父母兄弟间，形骸两释，意气交流，胜于调息观心万倍矣。

每个家庭里若都有一个真诚的信仰，日常生活中也都遵循一个真正的原则，这样人与人之间的相处便能用心诚挚、态度和蔼、神情愉快、说话温柔，于是父母手足间便能相处融洽，没有任何隔阂，意气相投，这种雍容祥和的关系胜过调息观心的修行千万倍。

【金句解读】

禅宗有个故事：杨黼为求道而远赴四川，想去追随一位活佛。途中一位老和尚劝他"与其找活菩萨，不如去见真活佛"，而要他往回走。杨黼回到家后，才发现母亲就是老和尚所描述的"真活佛"。他因此大悟，留在家里奉养母亲，成了他最好的修行。不只母亲，其他家人也都是我们的真活佛，人间最大的幸福就是与家人甜蜜地生活在一起，但多数人却迷失了，在四处追寻落空后，才明白这个道理。

家，是说爱的地方

家人有过，不宜暴怒，不宜轻弃。此事难言，借他事隐讽之；今日不悟，俟来日再警之。如春风解冻，如和气消冰，才是家庭的型范。

家人难免会犯下过失，这时不宜暴怒责骂，也不宜轻易放弃。如果这件事不好明说，就借用其他事情来婉言相劝；如果今天不能让他醒悟，就等来日遇到适当的时机再行劝诫。像春风化解残冬，和风消融冰雪般，才是处理家庭事务应该有的风范。

【金句解读】

人与人相处，难免会产生摩擦，要对外人发脾气，我们多少会有点顾忌，但对家人却常按捺不住。结果，我们总是伤害到最亲近的人。纵使对方有着千般不是、非常无理，我们在动怒之前最好先深呼吸，提醒自己："家，不是讲理的地方，而是说爱的地方。"要善于用亲人间与生俱来的爱来化解各种冲突。

家人关系本乎天性，顺其自然

父慈子孝，兄友弟恭，纵做到极处，俱是合当如此，着不得一丝感激的念头。如施者任德，受者怀恩，便是路人，便成市道矣。

父慈子孝，兄友弟恭，就是做到了最完美的境地，也是应当如此，而不应心存一丝感激的念头。如果施者自以为有德，受者自以为受惠，那彼此之间就成了路上的陌生人，亲情也就变成市面上的买卖关系了。

【金句解读】

亲子与手足间的情感本乎天性，自然而然，没有必要刻意去强调，不需要靠谄媚、威吓、奖励与处罚来维系。让我们与之成为家人的不只是血与肉，还有心——希望对方快乐，彼此关怀与尊重的心意。现代社会里的亲子关系，应是尊重对方——让他（她）去过自己向往的人生，家人顶多只是从旁引导、提供帮助，这才是真正的关怀。

手足要互相肯定、扶持与疼惜

　　炎凉之态，富贵更甚于贫贱；妒忌之心，骨肉尤狠于外人。此处若不当以冷肠，御以平气，鲜不日坐烦恼障中矣。

　　炎凉冷漠的心态，富贵人家往往更胜于贫苦的家庭；嫉妒猜忌的心理，手足骨肉之间经常要比陌生人更狠毒。这时如果不能以冷静的态度来面对，用平和的心态来驾驭，就会终日困守愁城，陷在烦恼的迷障中。

【金句解读】

　　如果说温暖与甜蜜的感觉是衡量一个家庭幸福与否的指标，那很多富贵之家的确不如贫苦家庭，因为钱是难以买到温暖与甜蜜的。而"本是同根生，相煎何太急"，则说明了手足之所以相残，多来自因彼此竞争而产生的嫉恨。化解之道在于体认手足原是一体，只有互相肯定、欣赏、扶持与疼惜，才不会留下遗憾的内耗与自残。

对待骨肉与朋友的不同方式

处父兄骨肉之变，宜从容，不宜激烈；遇朋友交游之失，宜剀切，不宜优游。

在面临父母手足、骨肉至亲间的纠纷或巨变时，应该保持沉着的态度，绝对不可以感情用事，用激烈的言行把事情弄得更糟。在跟朋友交往时，遇到朋友犯了什么过失，应该亲切诚恳地规劝他，不可任由他继续错下去。

【金句解读】

"骨肉之变"，不管是亲人遭遇不幸还是犯下大错，我们的反应都会比对待一般人更激烈，但这通常只会让局面变得更混乱。如果是遭遇不幸，那就要理性面对，化悲伤为处理后续事宜的力量；如果是犯下大错，那也不宜太愤怒，更不可偏袒，而是要耐心地开导，期待他能有所醒悟。

至于朋友犯错，则要先关心、了解他为什么这样做，然后善意地规谏他，希望他改过自新，而不要认为事不关己、无限纵容，这样才算尽到朋友的责任。

交友带侠气，做人存素心

交友须带三分侠气，做人要存一点素心。

与朋友交往，要有三分侠义心肠；做人处世，要存有一颗赤子之心。

【金句解读】

要想得到好朋友、真朋友，你就必须自己先够朋友。真正的好朋友必须"有福同享，有难同当"，子路说他"愿车马、衣轻裘与朋友共，敝之而无憾"，这是有福同享的极佳例子。对一般人，路见不平都要拔刀相助，何况朋友有难，当然更要两肋插刀，才显义气与侠气。孔子的一个朋友死了，没有家人料理后事，孔子立刻说"于我殡"，由他出面替朋友办丧事，这也是很好的示范。

"素心"指的应该是单纯善良的赤子之心，在与人交往时，不管对方是谁，我们都要先放下成见，从单纯善良的赤子之心出发去认识对方，与之交往。这也是个人待人接物应该秉持的健康态度。

对长辈和晚辈都心怀敬畏

大人不可不畏，畏大人则无放逸之心；小民亦不可不畏，畏小民则无豪横之名。

对德高位显的人不能没有敬畏之心，能敬畏他们就不会有放纵自己的想法；对平民百姓也不能没有敬畏之心，能敬畏他们就不会有傲慢蛮横的坏名声。

【金句解读】

"大人"可以泛指德高望重的人，甚至只是年纪比我们大的长辈。我们要敬畏的不只是他们的权力、威望，还有他们的人格、经验，甚至生命力。心存敬畏，不只可以让我们保持谦卑，而且可以激发我们向他们学习的动机。

今天的"小民"不只是一般老百姓，也可以泛指年纪比我们小的晚辈。也许他们的经验和成就不如我们，但我们绝不能心存轻鄙傲慢，而是要敬畏他们的年轻、梦想、辛劳，和能汇集的力量、终将取代我们的必然，由此对他们多一点宽厚仁慈。

留一步与人行，减三分让人尝

径路窄处，留一步与人行；滋味浓的，减三分让人尝。此是涉世一极安乐法。

走在狭窄的小路上要让一步给人行走；遇到有利益的事，何妨分出三分让他人同享，这是立身处世的一种安乐法则。

【金句解读】

"千里修书只为墙，让他三尺又何妨？万里长城今犹在，不见当年秦始皇。"这是康熙年间的张英大学士收到安徽老家送来的家书，家人因住宅基地和邻居发生纷争，希望张英能动用官场关系来打赢官司，张英在回信里所附的一首诗。家人收到信后觉得惭愧，而主动让出三尺地基；邻居见状也跟着让出三尺地基，结果在当地留下了"六尺巷"的美谈。

在与人交往时，彼此总会因利害关系而产生冲突，但懂得退让并非示弱，而是一种智慧的表现。

待人的三个基本原则

不责人小过，不发人阴私，不念人旧恶。三者可以养德，亦可以远害。

不责备别人的小错，不揭发别人的隐私，不记恨别人以前的恶行，这三者不仅可以培养品德，还能让自己远离祸害。

【金句解读】

这是对待他人的三个基本原则：第一，要懂得宽容。人非圣贤，孰能无过？特别是别人的小错小过，大可不必责备，更遑论计较。第二，要懂得尊重。每个人都有隐私，有不想让人知道的事，我们不仅不应好奇地去窥探、打听，即使知道了，也不能当众披露。第三，要懂得忘怀。跟我们互动的是现在的他，过去的他即使有种种不对，最好都抛诸脑后，用一颗干净、无邪的心和他交往。这样待人自然不会与人结怨，更重要的是可以使自己轻松愉快。

批评不可太严，要求不能太高

攻人之恶，毋太严，要思其堪受；教人之善，毋过高，当使其可从。

指责别人的过错时不要太严厉，要考虑对方是否能够承受；教导他人向善时不可期望过高，要考虑别人是否能够做到。

【金句解读】

当你评论他人时，你不只是在定义他们，更是在定义自己。你严苛地批评别人不对，对别人的要求太高，正表示你是一个严苛、要求过高的人。当然，你可能就是一个对自己很严苛、自我要求很高的人，才会"严以律己，严以待人"。但调查显示，多数人其实都是"宽以律己，严以待人"的，他们以超高的道德标准来要求他人，却轻易放过自己，对自己没做到的事，会找来各种理由为自己辩驳，认为都是可以原谅的。

你要对自己多"严"，别人无从置喙；但对别人的批评和要求，我们最好都能"宽"一点，这样不仅可以让他们做得到，也有助于我们建立良好的人际关系。

接纳污辱垢秽，包容善恶贤愚

持身不可太皎洁，一切污辱垢秽要茹纳得；与人不可太分明，一切善恶贤愚要包容得。

立身处世不可太清高洁白，对一切羞辱、委屈、毁谤、脏污都要有所容忍才行；与人交往不要善恶好坏分得太清楚，不管是好人、坏人、智者、愚者都要有所包容才行。

【金句解读】

大海有两个特征：一是低下，所以能接纳从四面八方而来、各式各样的河川；二是宽阔，不管河水的缓急、清浊，它都加以包容，但又不受其污染（稀释它们），而在中心地带永远保持安宁与清净。

我们在待人接物时，也应该如大海般谦和，而心胸则需像大海般宽阔，这样才能接纳尘世的污辱垢秽，包容人间的善恶贤愚，这样做不仅不会受其影响，随之骚动，还能以自己的安宁之心去净化它们。

来说是非者，便是是非人

人之短处，要曲为弥缝，如暴而扬之，是以短攻短；人有顽固，要善为化诲，如忿而疾之，是以顽济顽。

对别人的短处，要婉转为他掩饰或规劝，如果加以暴露和大肆张扬，那是在用自己的短处去攻击别人的短处；对别人的顽固，要好好加以开导启发，如果因此生气而厌恶他，那就像是在用自己的顽固来强化对方的顽固。

【金句解读】

别人有什么短处或固执的地方，一定是"冰冻三尺，非一日之寒"，有它复杂的原因，不想去了解就公开地妄加议论和指责，正是俗语所说的"来说是非者，便是是非人"，只是在暴露我们自己的缺点和不明事理。如果不想让别人公开地对我们妄加议论或指责，那么"己所不欲，勿施于人"，我们也不应该如此对待别人。真正关心对方，私下去了解原因并给予规劝，才是正途。

坏事不通融，坏人不妨留去路

锄奸杜幸，要放他一条去路。若使之一无所容，譬如塞鼠穴者，一切去路都塞尽，则一切好物俱咬破矣。

在铲除邪恶、杜绝使心作幸的小人时，要放他一条出路。如果使他没有一个容身的地方，那就好比堵塞老鼠的洞穴，将一切出路都堵塞殆尽了，那么为了寻找出路，一切好东西也都会被老鼠撕咬破坏掉。

【金句解读】

这跟"斩草不除根，春风吹又生""除恶务尽"的说法似乎相违背，但人间事很少是绝对的，我们不仅无法灭绝所有的恶，即使做到了，也无人知道那是否就是更理想的社会。"穷寇莫追，投鼠忌器""网开一面"则是一种比较宽厚、慈悲的观点。我们对坏事要坚决反对、不可通融，但对做了坏事的坏人，则不妨在施予适当的惩处后，放他一条生路，说不定他能因此改过自新，变成好人。

慈悲对待万物，处处得真趣

人人有个大慈悲，维摩屠刽无二心也；处处有种真趣味，金屋茅檐非两地也。只是欲闭情封，当面错过，便咫尺千里矣。

每个人都有一颗大慈悲的心，维摩居士和屠夫、刽子手的本性并没有什么不同；人间处处都有一种真正的情趣，金屋豪宅和草寮茅舍也没有什么差别。可惜人心被欲念和私情所封闭，以至当面错过了慈悲与真趣，而产生差之毫厘失之千里的结果。

【金句解读】

"慈悲"一词虽来自佛教，但它跟孔子的"仁"、庄子的"齐物"在观念上是互通的。

大体而言，慈悲心就是平等心，人虽有贵贱贤愚，但各有其因，我们不仅不应差别看待，更要以同样的欢喜与尊重对待他们。如能推而广之，对所住的地方也具有同样的慈悲心，认为金屋豪宅和草寮茅舍各有特色、同样美好，那么不管和什么人在一起、置身何处，都能得到同样珍贵的趣味。

与其责怪他人，不如反省自己

反己者，触事皆成药石；尤人者，动念即是戈矛。一以辟众善之路，一以浚诸恶之源，相去霄壤矣。

经常自我反省的人，日常接触的事物都能成为修身戒恶的良药；经常责怪他人的人，只要念头一动就成了伤人害己的武器。一个是通往众善的途径，一个是走向诸恶的源泉，相差真是天壤之别。

【金句解读】

事情发生的原因通常不一而足，当不好的事情发生时，如果你的眼光朝外，认为那都是别人的错，那你虽然可保持自尊，但伤害到了他人，结果反而为自己留下了祸根；但如果你的眼光朝内，认为那主要是自己的错，虽然内心有点悔憾，但在自我反省后能改过迁善，那受益的其实是自己。研究显示，在不好的事情发生时，多数人都倾向于外在归因，但长期来看，让自己的生命获得提升的却是内在归因。

要懂得严以律己，宽以待人

人之过误宜恕，而在己则不可恕；己之困辱宜忍，而在人则不可忍。

别人的过失和错误应该多加宽恕，而自己的过失和错误却不可以宽恕；自己所遭受的困难和屈辱应该尽量忍受，而别人所遭受的困难和屈辱则要设法替他消解。

【金句解读】

当自己和别人犯同样的过错时，多数人会将自己的错归于环境、他人等外在因素，而认为别人则是来自生性恶劣、没修养等内在因素，好让自己感到愉快。但对自己和他人有益的归因方式，却是要将别人的过错归于外在因素，多给予体谅和宽恕；而对自己犯的错则是要多归于内在因素，须加强自我约束与要求，也就是要"严以律己，宽以待人"。

反之，对自己所受的困辱，不管是什么原因，要尽量"忍"，这正可以多磨炼自己的毅力与心志；而对别人的困辱，则应该感到"不忍"，尽快去了解其原因，并想办法协助。这其实也是"严以律己，宽以待人"的另一种表现。

如何责备他人与要求自己

责人者，原无过于有过之中，则情平；责己者，求有过于无过之内，则德进。

责备别人，要像他没有发生过失一样原谅他，这样才能使他心平气和地走向正途；要求自己，则要在看似没有过失的地方找出过失，这样才能提高自己的品德。

【金句解读】

任何人受到责备，都会感到不愉快，甚至产生敌意，为了减少对方的负面情绪，除了避免在公开场合责备他、设身处地考虑他的各种难处外，更重要的是，要让他知道只要他不会再犯，那大家就会没事般地忘了这件事。这样才能安抚对方的情绪，更容易使对方改过自新。

要刮别人的胡子前，最好先把自己的胡子刮干净。自我责备当然也会不舒服，但光责备没有用，需要同时要求自己做出改善，才能让自我精进。而在获得改善后，也必须懂得原谅自己，因为只有能原谅自己的人才能原谅别人。

同功共安乐，何如同过共患难

当与人同过，不当与人同功，同功则相忌；可与人共患难，不可与人共安乐，安乐则相仇。

应当有与人共同承担过失的雅量，但不要有共享功劳的念头，因为共享功劳就会互相猜忌；可以有与人共患难的胸襟，但不要有跟人共安乐的贪心，因为共享安乐就容易互相仇视。

【金句解读】

范蠡在与文种辅佐越王勾践雪耻复仇，灭掉吴国，成就霸业后，他选择放弃高官厚禄，去过悠游自在的生活。在要离开时，范蠡提醒文种说，勾践是个只可共患难而不能同富贵的人，劝文种跟他一样功成身退，但恋栈权位的文种不听。结果没多久，文种竟被勾践编了个理由赐死，这就是"当与人同过，不当与人同功；可与人共患难，不可与人共安乐"最好的例子。

好的与人同享，坏的与人同当

完名美节，不宜独任，分些与人，可以远害全身；辱行污名，不宜全推，引些归己，可以韬光养德。

美好的名誉和节操，不宜独自占有，应分一些给他人，这样才可以远离祸害保全自己；让人感到耻辱的行为和名声，也不宜完全推脱，要引一些归给自己，这样可以敛藏锋芒、修养品德。

【金句解读】

牢记蒙田的智慧之言："对自己的谴责，别人总是相信。对自己的赞美，别人总是不信。"一个聪明人不仅不宜赞美自己，更不宜提起别人如何赞美自己；但也不必在人前谴责自己，或说别人如何谴责自己。好的，不是自己才有，别人也都有；坏的，不是别人才有，自己也都有。这才是另一种"有福同享，有难同当"。

将自己和别人对照着看

人之际遇，有齐有不齐，而能使己独齐乎？己之情理，有顺有不顺，而能使人皆顺乎？以此相关对治，亦是一方便法门。

每个人的际遇不同，有称心如意时，也有事事拂心时，怎能独独要求自己都称心满意呢？自己的情绪有好有坏，有时很平顺，有时很浮躁，怎能要求别人都一直心平气和呢？如果大家都能将心比心、对照省察，那也是修养品德的一个好办法。

【金句解读】
大部分人对自己和别人的希望与要求都有着明显的差别。我们一方面希望自己的条件和际遇都比别人好，能得到老天特别的眷顾；另一方面又对别人有过高的要求，自己做不到的事却要求别人能做到。所谓"相关对治"，就是将自己和别人"对照着看"，看看自己，想想别人，推己及人，来回思辨，这样才能让人我关系更和谐。

对别人的际遇要感同身受

处富贵之地，要知贫贱的痛痒；当少壮之时，须念衰老的辛酸。

生活在富贵的环境中，要了解贫苦人家的艰难；年轻力壮时，要想到年老力衰后的悲哀。

【金句解读】

作家王朔说："年轻有什么了不起？每个人都年轻过，但是你老过吗？"人最好不要对自己没有真正经历过的生活妄加议论，因为它们跟你想象中的可能很不一样。如果你想要对贫苦的痛痒和衰老的辛酸"感同身受"，发挥同理心，那么最直接而有效的方法就是去和穷人、老人生活足够长的一段时间（比如参加偏远地区和养老院的义工服务），在实际感受他们的生活和观念后，才不会像晋惠帝说没饭吃的穷人"何不食肉糜"般，产生荒谬而令人感到可悲又可恨的想法。

失意时往下比，松懈时往上比

事稍拂逆，便思不如我的人，则怨尤自消；心稍怠荒，便思胜似我的人，则精神自奋。

当事情稍微不如意时，要想想那些不如自己的人，这样就不会再那么怨天尤人；当心里稍微懈怠时，就要想想那些胜过自己的人，那么精神自然就能振奋起来。

【金句解读】

对大医院里"××病友俱乐部"的研究显示，病友在交换心得时，除了"相怜"外，也会"相较"。刚开始，病人多倾向于和病情比自己严重的病友做比较，发现"自己虽然不幸，但比对方幸运多了"，而觉得好过一点。但在接受治疗后，病人则较喜欢和康复情况比自己好的病友打交道，因为这样有助于让自己在对抗疾病时保持积极、乐观的态度和希望。人生这个大剧场，跟医院其实也差不多。

与其怀疑人，不如先相信

信人者，人未必尽诚，己则独诚矣；疑人者，人未必皆诈，己则先诈矣。

信任他人的人，他人未必全都诚实，但自己却是诚实的；怀疑他人的人，他人未必全都奸诈，但自己却已经是奸诈的了。

【金句解读】

"人无信不立"，人与人之间要彼此相信，社会才能和谐运作；如果人人都互相怀疑、尔虞我诈，那世间很快就会沦为痛苦的炼狱。但现实是，并非每个人都可以相信，不过若一开始就怀疑对方，那也是居心不良；所以，明知有风险，还是要相信对方，正可表示自己的真心诚意，让对方感觉到你是一个值得相信的人。

清末"红顶商人"胡雪岩在杭州所开的胡庆余堂，以"戒欺"为店训。"戒欺"跟"诚信"不太一样，"诚信"是不管对方如何待你，你都要以诚信待之；而"戒欺"则是我会相信（不欺骗）你，但如果你欺骗我，我就不再相信你，而且会讨回公道。这恐怕是比较务实的做法。

察觉自己被骗受辱时

觉人之诈，不形于言；受人之侮，不动于色。此中有无穷意味，亦有无穷受用。

觉察别人的欺诈，而能不说出来；受到别人的侮辱，而能不动声色。这种处世方法有无穷意蕴，也有无尽的好处。

【金句解读】

这不是要大家当个"好好先生"，而是在劝大家不要在发现自己受骗受辱时，立刻做出情绪性的反应。当察觉到自己被骗时，当面指摘别人欺诈，只会激怒对方，纵有确凿证据，也是徒增对方愤恨或埋下后患；自己如果没有什么损失，最好是表面上不予理会，但告诫自己下不为例，这才是上策。而在当面受人侮辱时，自己若因而激动，不仅正中对方下怀，还会让旁人怀疑那可能是真的（否则你为什么这么激动）；不当一回事，将它视为与己无关的呓语或疯话，但提醒自己以后少跟这种人来往，才是明智之举。

与好人、坏人的交往之道

善人未能急亲，不宜预扬，恐来谗谮之奸；恶人未能轻去，不宜先发，恐遭媒孽之祸。

要想结交好人，不必急着去亲近他，也不必事先赞扬他，以免招来小人的嫉妒而遭受诬蔑诽谤；要想摆脱坏人，也不能草率地打发走，更不能先放言要除去他，以免遭受报复陷害等灾祸。

【金句解读】

人有两种：好人和坏人。朋友也有两种：好朋友和坏朋友。每个人都希望能和好人为友，但君子之交淡如水，好人之间的友谊需要慢慢培养，不必急在一时，而一旦建立，通常也较能经得起时间的考验。反之，小人之交甜如蜜，我们很容易和坏人成为酒肉朋友，不过一旦发现苗头不对，想要跟他绝交也不容易，最好是慢慢疏远、淡化，以免引起对方的不满和报复。总之，与好人结交和与坏人绝交，都要慢慢来才好。

对小人或君子，都要合礼、有风度

待小人，不难于严，而难于不恶；待君子，不难于恭，而难于有礼。

对待小人严厉并不难，而是难在不去厌恶他们；对待君子恭敬并不难，而是难在遵守适当的礼节。

【金句解读】

对品德欠佳的人，看出他们言行的不当之处，提出严厉的批评或规劝，多数人都可以做到，但要做到不会因此而讨厌他们，则困难许多。其实，我们应该只讨厌他们所犯的过错，至于对个人，则应该多加包容，鼓励他们改过自新。

对品德高尚的人，应该谦逊地表达敬意，大家也都可以做到，困难之处在于是否能合乎礼节、恰到好处。因为太过恭敬，在别人看来，就容易沦为谄媚，于自己而言，也无异于作践自己。

总之，不管是对好人或坏人、小人或君子，都要合乎礼节，展现自己的风度。

对君子与小人，态度要平和

休与小人仇雠，小人自有对头；休向君子谄媚，君子原无私惠。

不要跟小人结仇，小人自然会有人和他为敌。不要向君子谄媚，君子不会为了私情而给人特别的恩惠。

【金句解读】

上一篇中那段话是说，我们应宽容犯错的小人，期待他们改过自新；这段话又提醒我们不要和小人结仇，因为"小人自有对头"。但小人的"对头"在哪里？大家都袖手旁观、忍气吞声的结果，只会是让小人更加肆无忌惮。这并非好办法，在现代社会里，小人的对头就是法律，对情节重大或屡劝不听的小人行径，特别是面对会危害社会安宁的人，我们不能再保持沉默，而应勇于检举，让法律去制裁他们。

至于对君子表示恭敬，如果我们不期待能从他那里得到任何好处，或希望给对方太多美好的印象，自然就不会太过恭敬而流于谄媚。

他人善恶，有赖自己明智鉴别

闻恶不可就恶，恐为谗夫泄怒；闻善不可即亲，恐引奸人进身。

听到他人的恶行，不可以马上兴起厌恶心，因为那恐怕是邪恶小人为了泄恨而搬弄的是非；听到他人的善举，也不可以立刻就去亲近他，因为那恐怕是奸恶之人谋求名誉地位的伎俩。

【金句解读】

做人要诚恳厚道，但也不能轻信人言。古往今来，太多因捏造事实而使忠良受到陷害、奸佞飞黄腾达的事例。孔子和孟子早就告诫过我们，不可因少数人说张三好或李四坏，就加以轻信；即使所有的人都说张三好，也要亲自去考察验证，看他是不是真的好；纵然所有的人都说李四坏，也要自己去观察辨识，看他是不是真的坏。这样才不会落入别人的圈套，也是鉴别好坏的明智做法。

要能分辨真美德与假幌子

勤者敏于德义，而世人借勤以济其贪；俭者淡于货利，而世人假俭以饰其吝。君子持身之符，反为小人营私之具矣。惜哉。

勤奋的人以勤奋追求品德正义，但世俗的人却假借勤奋来满足自己的贪婪；俭朴的人淡泊于财货利益，但世俗的人却假借俭朴来掩饰自己的吝啬。君子修身之德的标准成了小人营利谋利的工具，真是可惜啊！

【金句解读】

勤奋和简朴向来都被视为美德，但有人"假美德之名以遂个人之私"，所以我们还要多注意，那些看似美德行为的动机与结果，就像孔子所说："视其所以，观其所由，察其所安。人焉廋哉？人焉廋哉？"要对一个人做出合理的判断，除了要看他所做的事外，还要考察他做这件事的动机，以及做了以后是否心安理得。为了满足自己对财富的贪婪而勤奋工作，或把自己的吝啬说成是简朴，这种勤奋和简朴不仅不是美德，而且还是十足的虚伪。

懂得退与让，利人也利己

人情反复，世路崎岖。行不去处，须知退一步之法；行得去处，务加让三分之功。

人情反复无常，世路崎岖不平，走不过去的地方，要有退一步的打算；容易通过的地方，也要有谦让三分的美德。

【金句解读】

退让是一种美德，但要退让到什么程度，却是一门学问。俗话说"退一步海阔天空"，这不只是在表示谦让，更是一种风度和底蕴的表现，权力越大的人越应该懂得退让。

香港的商业巨子李嘉诚告诫家人说："李家人与别人合作，本该拿七分利的，只拿六分。"这不只是因为他们较有权力或条件较好，更因为李嘉诚知道，这样才能让人感念，而乐意再跟你合作。

刻薄只会带来愤怒与痛苦

受人之恩，虽深不报，怨则浅亦报之；闻人之恶，虽隐不疑，善则显亦疑之。此刻之极，薄之尤也，宜切戒之。

受人的恩惠虽然很深，却不设法报答，而即使是一点点怨恨，就千方百计地报复；听到人家的坏事，即使很隐约也深信不疑，而对于人家的好事，再明显也不相信。这种人可以说刻薄冷酷到了极点，做人应该严加戒绝。

【金句解读】

刻薄之人在与人相处时冷酷无情，过分苛求，总认为别人对自己好是应该的，有一点不好就非加倍奉还不可；还觉得世界上全都是自私自利的坏人，有人即使做了好事也都是存心不良。这种刻薄至极的人整天活在愤怒与痛苦中，不只跟别人过不去，更是跟自己过不去。在当今社会里，这样的人似乎还不少。

有两种人要小心提防

遇沉沉不语之士，且莫输心；见悻悻自好之人，应须防口。

遇到阴沉冷漠、沉默寡言的人，千万不要推心置腹、表露真情；见到满脸怒气又自以为是的人，应该小心谨慎，避免祸从口出。

【金句解读】

有些人话很少，也许是个性使然；但沉默寡言而又表情阴冷的人，则通常城府较深、对人怀有戒心、喜怒不形于色也不形于言，我们很难知道他内心真正的想法，如果在不明就里的情况下，就对他推心置腹，那不仅是热脸贴冷屁股，自讨没趣，而且还可能暴露自己的弱点，留下后患。对于这种人，最好还是要保持距离。

很多人都会自以为是，经常对别人挑刺，动辄怒容满面地指东骂西的人，我们还是小心为妙。你若规劝他或表示你对某些人与事的看法，那你很容易就会祸从口出，成为他发泄怒火与谩骂的对象。

用人要宽厚，交友宜谨慎

用人不宜刻，刻则思效者去；交友不宜滥，滥则贡谀者来。

用人不可太苛刻，如果太苛刻，那么想为你效力的人也会离去。交友不可太泛滥，如果太泛滥，那么善于阿谀献媚的人就会来亲近你。

【金句解读】

一些公司的管理者，习惯于把属下当成没有情绪、不会疲累的工作机器，在没有达成工作目标时，就无情地以奖惩规章加以惩处，一感到不满意就不留情面地减薪或解雇。这种缺乏人性的管理，必然留不住优秀人才。

朋友虽然是人生旅途中不可缺少的好伙伴与助力，但若朋友太多，不仅要挪出很多时间与精力给朋友，导致从事其他交往与工作的时间不足，而且朋友太多则会流于浮滥，阿谀奉承者与酒肉损友就会围绕左右，迟早会带来隐忧与祸害，让你得不偿失。

角色不同，待人方式有别

士大夫居官，不可竿牍无节，要使人难见，以杜幸端；居乡，不可崖岸太高，要使人易见，以敦旧好。

读书人做官的时候，对于求荐的书信不能无节制地包揽接待，要尽量少接见，才能防范那些投机钻营的人。但退休闲居在家乡后，就不能再摆出高不可攀的架子，要态度平和，使人容易接近，以便敦睦乡邻旧友的感情。

【金句解读】

这里所说的虽然是在朝为官与退休回乡两个不同阶段中待人处世应有的不同原则，但若推而广之，其实也是每个人在人生的不同阶段、扮演不同的角色时，应该有的做人原则：在当主管或其他公众角色时，要公正无私，尽量减少有让人投机钻营的机会。但在回到家里或在其他私人的场合中，就应该放下身段，流露真情，不要用老板训斥员工的口吻跟亲朋好友说话。

不曲意讨人喜欢与赞誉

曲意而使人喜，不若直躬而使人忌；无善而致人誉，不若无恶而致人毁。

委曲逢迎而讨人欢心，不如刚正不阿而受人忌恨；没有善行而得到他人赞誉，不如没有恶行而遭到他人毁谤。

【金句解读】

大家都乐于让人喜欢，但如果为了讨人喜欢而违背了自己的本性，那自己也快乐不起来，因为我们看到的只能是自己的虚伪。每个人也都乐于受到赞誉，但如果知道自己受之有愧，那也不会快乐，反而会增加心理上的不安。

做人最可贵的是要忠于自己的良知、信念与价值观，仰不愧于天，俯不怍于人。与其得到不虞之誉（不应得的赞誉），宁可遭受求全之毁（为了保全自身人格而受到无端的毁谤）。人，要活得快乐，更要活得有尊严。

恩惠与威严的明智运用

恩宜自淡而浓，先浓后淡者，人忘其惠；威宜自严而宽，先宽后严者，人怨其酷。

给人恩惠要从淡薄到逐渐浓厚，假如先浓厚后淡薄，就容易使人忘怀这种恩惠；树立威信要先从严而逐渐变宽，假如先宽和后严厉，那部属就会怨恨你冷酷无情。

【金句解读】

我们可以用心理学的"得失理论"来解释这种现象：恩惠能让人"得"，自淡而浓，让人感觉"越得越多"，印象就越深刻，也就越感激你；反之，先浓后淡，虽然也是"得"，但"越得越少"，反而让人失望。立威则会让人感到压力（失），从严而宽，会让人觉得越来越轻松，越来越有"得"的感觉；而先宽后严，则使人压力越来越大，让人越来越有"失"的感觉，对你就会越来越不满。

做个精明而又厚道的人

害人之心不可有，防人之心不可无，此戒疏于虑者；宁受人之欺，毋逆人之诈，此警伤于察者。二语并存，精明而浑厚矣。

不可存有害人的念头，也不可没有防人的心思，这句话是用来劝诫警觉性不够的人。宁可受他人欺骗，也不要事先怀疑他人欺诈，这句话是用来劝诫警觉性过高的人。与人交往，如果能同时记住这两句话，才算得上是一个精明而又厚道的人。

【金句解读】

"害人之心不可有，防人之心不可无"与"宁受人之欺，毋逆人之诈"，是大家熟悉的两句人际关系格言，但洪应明却提醒我们，它们都有适用性与局限性。这主要是因为社会上有各色人等，好坏、贤佞都有，很难找到"一体适用"的格言。对于好人，一再防他；对于坏人，却不要怀疑他，这显然就不是明智的做法。所以，我们最好能先看对方是什么样的人，然后再决定怎么应对。

亲近历久弥新的人与事

交市人不如友山翁，谒朱门不如亲白屋；听街谈巷语，不如闻樵歌牧咏；谈今人失德过举，不如述古人嘉言懿行。

结交市井之人，不如和山野老人做朋友；巴结富贵豪门，不如亲近平民百姓；听街头巷尾的是非，不如听樵夫牧童的歌谣；批评现代人的失德过错，不如多讲讲古圣先贤的嘉言善行。

【金句解读】

想结交什么人，对什么话题感兴趣，反映的是个人的品位、价值观与修养。喜欢趋炎附势、追逐名利与时尚、传播八卦、道人是非、议论时政，是很多人的喜好，但这些名利是非不是在口沫横飞中让人心神起伏不定，就是转眼即逝的风光，根本无法持久，反倒不如去亲近那些经过时间洗礼后，依旧葆有光彩与芬芳的人和事。

与人大略相同，又具独特性

处世不宜与俗同，亦不宜与俗异；做事不宜令人厌，亦不宜令人喜。

为人处世不要强求与世俗相同，也不要处处与世俗不同；做事不要惹人厌恶，也无须凡事都讨人喜爱。

【金句解读】

现代人喜欢强调个人的独特性，表明自己的与众不同。但心理学的实验显示，当一个人太过与众不同时，这种独特性不仅不会让他志得意满，反而会让人因此觉得形单影只，感到被孤立，甚至沮丧。但一个人如果发现自己太过与众相同时，也会因面目模糊，缺乏自我特殊感而觉得不舒服，甚至缺乏自信。让多数人感到比较自在、惬意的，是跟大家的看法部分相同又部分不同，既有独特感又有归属感。

而在他人对自己的感觉方面也类似，我们不可能事事都讨人喜欢或惹人厌，重要的是如果按照自己的意思去做，总是会有人喜欢，有人讨厌，那也是他人照自己的意思所产生的感觉，无须计较。

逃避或拒绝，都只是鸵鸟

出世之道，即在涉世中，不必绝人以逃世；了心之功，即在尽心内，不必绝欲以灰心。

超脱凡尘俗世的方法，应在凡尘俗世中磨炼而得，根本不必离群索居、与世隔绝地去寻找；要想明了心灵的强大功能，应在尽心行事中去领悟，根本不必断绝一切欲望，让心如死灰一般寂然。

【金句解读】

有人为了避免失望与痛苦，而远离人群，阻绝各种诱惑，或者将欲望降至最低，甚至断绝欲望，但这样做不是"鸵鸟心态"就是"因噎废食"，并非处理人际关系与欲望的健康态度。只有在凡尘俗世里，和各种人与欲望比邻而居，接受他们（它们）的挑战、磨炼与洗礼，才是长久的为人处世、修心养德的好方法。

辑六　谦让无愧的处世之道

立志要高远，处世宜谦让

立身不高一步立，如尘里振衣，泥中濯足，如何超达？
处世不退一步处，如飞蛾投烛，羝羊触藩，如何安乐？

立身于世，如果不能站得高一点，那就好比在灰尘中抖衣，
于污泥中洗脚，如何能超凡脱俗、出人头地？为人处世，如果
不能退让一步，那就好比飞蛾扑向烛火，公羊用角顶撞篱笆，
怎么能感到安乐愉快呢？

【金句解读】

站得高一点，不只能看得远，而且能呼吸到清新的空气，
不受俗尘浊气的污染。但这只是比喻，不是要你远离俗世、高
高在上，而是说个人立志要高远，才能有超俗的成就。至于在
为人处世方面，则要谦让一点，退一步海阔天空，若一味鲁莽
冲撞，则终会陷入困境，受到他人排斥而归于失败。

做人要真恳，涉世要圆活

做人无点真恳念头，便成个花子，事事皆虚；涉世无段圆活机趣，便是个木人，处处有碍。

做人如果没有一点真诚恳切的心意，就成了一个绣花枕头，做任何事情都华而不实；活在世界上如果没有一点圆通灵活和随机应变的能力，就等于是一个木头人，处处都会遇到阻碍。

【金句解读】

所谓"诚于中，形于外"，一个真心诚意的人，必然也是表里如一、脚踏实地的人，不会用虚华浮丽的外表去惑人耳目。所谓"君子贞而不谅"，一个有为的君子固然有他信守的原则（贞），但也不会僵硬而不知变通（不谅），他能屈能伸，具有因事因时而制宜，灵活、弹性、随机应变的能力。

行事不可轻率，顾虑不可沉重

士君子持身不可轻，轻则物能挠我，而无悠闲镇定之趣；用意不可重，重则我为物泥，而无潇洒活泼之机。

君子待人接物不可心浮气躁，一旦心浮气躁就会受外在事物的干扰，而失去悠闲镇定的情趣；处理事情时思虑不可太多太沉重，太沉重就会被外界所制约，而失去潇洒活泼的生机。

【金句解读】

这是不少人在面对问题时常出现的两种情况：一是毫无定性，心浮气躁，轻率鲁莽，一看苗头不对或稍遇阻挠，就迫不及待地想要改弦易辙，结果经常半途而废，一事无成；二是顾虑太多，患得患失，优柔寡断，想要找出最好的对策，而变得举棋不定，结果经常只是在原地踏步。一个太轻率，一个太沉重，都不是好办法，只有在轻与重之间做明智的掌握，才能从容而愉快地办妥大事。

事缓则圆，人缓则安

事有急之不白者，宽之或自明，毋躁急以速其忿；人有操之不从者，纵之或自化，毋操切以益其顽。

事态非常紧急却又无法说明白时，不妨先宽缓下来，也许事情会自行澄清，不要太急于辩解，否则可能会更快速地激怒对方。有的人你越劝，他越是不听，这时放他一马，也许他就会自行明白，太急切地强迫他遵从，反而会使他变得更加顽劣。

【金句解读】

孔子说："无欲速，无见小利，欲速则不达，见小利则大事不成。"很多事情你越操之过急，就越无法达成你想要的目标。不妨把事情暂时摆到一边，什么都不做，就像老子所说："我无为，而民自化；我好静，而民自正。"我不妄为，人们就可以自我教化；我喜欢清静，人们就能自然回归正道。这恐怕才是最合适的办法。

水至清则无鱼，人至察则无徒

山之高峻处无木，而溪谷回环则草木丛生；水湍急处无鱼，而渊潭停蓄则鱼鳖聚集。此高绝之行，褊急之衷，君子重有戒焉。

高耸陡峭的山峰上没有树木，而溪谷回旋环绕之处则草木丛生；水流湍急的地方没有鱼虾，而流水留驻蓄积的渊潭则鱼鳖聚集。所以，对此类高傲绝尘的行为与褊隘急躁的心理，君子都应该要特别警惕。

【金句解读】

人的江湖跟其他生物的江湖其实大同小异。《大戴礼记》中说，古来帝王的冠冕上，都垂挂着一串串的珠玉，正是在警惕他，对人对事不可看得太清楚、太明察；还用棉絮塞住耳朵，则是在提醒他，凡事也不必听得太仔细。因为水太清澈，就没有鱼能生存；人太精明，就没有人愿意跟他做伙伴。不管是从自然界中领悟这个道理，还是说人世间的道理可以用自然现象来佐证，都足以证明这是句至理名言。

保持纯朴敦厚、一团和气

标节义者，必以节义受谤；榜道学者，常因道学招尤；故君子不近恶事，亦不立善名，只浑然和气，才是居身之珍。

标榜节义的人，必然会因为节义而受人毁谤；标榜道德学问的人，也常会因道德学问而招来人们的指责。所以有德行的君子要远离坏事，也不要去博取美名，只有保持纯朴敦厚、淡定平和，才是安身立命的无价之宝。

【金句解读】

对多数人来说，不做恶事也许较容易，但不想博取美名似乎较困难。其实，一个真正有节义的人，是不会自己在那里标榜自身节义的；一个真正有学问的人，当然也不会标榜自己的学问多么高深。喜欢自我标榜的人，不是"冒牌货"就是太想博取美名，他们受人毁谤与指责，完全是咎由自取。

不要自夸美好与洁净

有妍必有丑为之对，我不夸妍，谁能丑我；有洁必有污为之仇，我不好洁，谁能污我。

有美好就有丑陋和它相对，如果我不自夸美好，又有谁能说我丑陋呢？有洁净就有污秽和它作对；如果我不偏好洁净，又有谁能说我污秽呢？

【金句解读】

老子认为，美丑、善恶、智愚、洁污等不仅相对，而且还会相生相成（互相依存与转化）。你认为美的，别人却认为丑；今天的污，可能明天就变成了洁。特别是有人为了追求美，反而会做出各种虚矫的丑事；有人刻意标榜洁净，反而让人觉得他的内心是污秽的。所以，对于美丑、善恶、智愚、洁污、贵贱等具有二元对比性的品性，不宜刻意标榜自己是站在美的、善的、智的、洁的、贵的这一边。

享乐不与人争先，进德不落于人后

宠利毋居人前，德业毋落人后；受享毋逾分外，修为毋减分中。

对受宠得利的事，不要抢在他人前面；对进修德业的事，则不可落在他人之后。在受用享福时，不要超越自己的本分；在修身养性时，则不可缩减自己内心的标准。

【金句解读】

这段话让人想起范仲淹所说的"先天下之忧而忧，后天下之乐而乐"。如果将生活内涵分为苦与乐两大部分，那么个人不仅要"吃苦在前，享乐在后"，在群体中也要"吃苦在人前，享乐在人后"。这一直是受到世人肯定与颂扬的人生哲学。

对现代的一般人来说，个人不必拒绝他人给予自己应得的好处，但千万不要争先，宁可落在他人之后；而且要懂得节制，不可超越自己应得的本分，这样才算对得起大家。而对完善自我的功课与修为，也许有点辛苦，却绝不能落在他人之后，而且要精益求精、更上层楼，这样才算对得起自己。

处世待人要因时、因人而有别

处治世宜方，处乱世宜圆，处叔季之世当方圆并用；待善人宜宽，待恶人宜严，待庸众之人当宽严互存。

生活在政治清明的时代，为人处世应严正刚直；生活在黑暗纷乱的时代，为人处世应圆滑委婉；生活在衰败将亡的末世，为人处世就应刚直与圆滑并用。对待善良的人要宽厚，对待邪恶的人要严厉，对待庸碌的平民大众就应该宽厚与严厉互用。

【金句解读】

孔子说："邦有道，危言危行；邦无道，危行言逊。"在政治清明的社会里，说话和行事都要正直；在黑暗混乱的时代里，行事要正直，但说话要谨慎。这不是投机，而是"因时制宜"。待人也一样要"因人制宜"，不能欺善怕恶，而应该宽善严恶；对可善可恶的一般人，则是宽厚与严厉互用，将他们导向善的一方。

在职场与官场的处世之道

士君子处权门要路，操履要严明，心气要和易，毋少随而近腥膻之党，亦毋过激而犯蜂虿之毒。

有学识的人处于权势之要津，节操品德要刚正清明，心地气度要平易随和，但不可放弃自己的原则去接近奸邪之辈，也不要言行过于激烈而招来狐群狗党的毒害。

【金句解读】

这是在说一个人"学而优则仕"之后的为官之道，但也是现代人在商场和职场中的为人处世之道：一方面，对自己的要求要严格，不能放弃应有的操守，要坚守自己的底线；虽然要广结善缘，但不要去亲近奸邪，向他们示好。另一方面，对人要平易随和，不宜自命清高或言行过于激烈，以免遭受阴险小人的陷害。如此才是明哲保身，又不同流合污的两全其美之道。

做官与治家各有两句箴言

居官有二语，曰："唯公则生明，唯廉则生威。"居家
有二语，曰："唯恕则情平，唯俭则用足。"

做官有两句必须遵守的箴言："只有公正无私才能产生明
确判断，只有清白廉洁才能使人敬服。"治家也有两句必须遵
守的箴言："只有体谅别人，大家的心情才能平和；只要节俭，
家用自然充足。"

【金句解读】

做官与治家的这两句箴言，其实是一体的，因为"欲治其
国者，先齐其家"。有个成语叫"俭以养廉"，持家节俭的人，
做了官以后才能廉洁；苏东坡则说："至公而行之以恕，至仁
而照之以明。"最公正的人总是能体谅别人，最仁慈的人处事
则十分明察。居家能心怀仁慈、体谅别人，做官就能公正无私、
明察是非。

跟苏东坡一样慈悲

"为鼠常留饭，怜蛾不点灯。"古人此等念头，是吾人一点生生之机。无此，便所谓土木形骸而已。

"为了不想让老鼠饿死，就经常留下一点剩饭；为了可怜飞蛾会扑火，夜里就不点灯。"古人的这种慈悲心肠，就是我们人类生生繁衍不息的一点契机，如果没有这点意念，那人就跟泥土木头一样，成了没有灵魂的躯壳。

【金句解读】

"爱鼠常留饭，怜蛾不点灯。"是苏东坡所写的一句诗，其前两句为："钩帘归乳燕，穴纸出痴蝇。"为了让乳燕归来能落脚，所以钩着不敢放下窗帘；看到一再冲撞窗户的苍蝇，就把窗户纸捅个洞让它飞出去。老鼠、苍蝇、飞蛾为多数人所讨厌，但苏东坡不只怜惜它们，还处处为它们着想。我们虽然没有他的才情，但在做人处事上如能具备他这种慈悲的胸怀，也算是有"几分苏东坡"了！

在浊世里的藏身之道

藏巧于拙，用晦而明，寓清于浊，以屈为伸，真涉世之一壶、藏身之三窟也。

把智巧隐藏在笨拙中，收敛锋芒而不显聪明，生存于浊世而不自命清高，把退缩当作前进的策略，这才是立身处世最大的法宝、明哲保身最高的法门。

【金句解读】

有人也许会认为，这段话的目的是在劝人要自我收敛、韬光养晦、不露锋芒、不要张狂、不能自命清高、要懂得以退为进，在这个鼓吹每个人都要勇于表达自我的自由开放的社会里，这种观念似乎显得太过保守，应该是比较适用于乱世或浊世中的为人处世之道。当然，洪应明的这段话含有浓厚的老子哲学的色彩，而老子正是生活在乱世的哲学家，但我们也不能因此而贬抑它的价值，每个时代都有它的乱与浊，在乱与浊中先求自保，并非保守，而是要"君子藏器于身，待时而动"。

极高寓于极平，至难出于至易

禅宗曰："饥来吃饭倦来眠。"《诗旨》曰："眼前景致口头语。"盖极高寓于极平，至难出于至易。有意者反远，无心者自近。

禅宗有句话说："饿了就吃饭，困了就睡觉。"《诗旨》说："多写眼前景致，多用一般人听得懂的话。"因为极高深的道理来自极平常的生活，最高深的诗句来自最简单的话语。刻意去追求真理的人反而越求越远，无心追求者却离真理越来越近。

【金句解读】

马祖道一禅师说："平常心是道。"平常心就是清净心，我们要想求道、悟道与得道，不只要恢复清净心，更要从吃饭、睡觉、喝茶、扫地、走路、谈天、工作等再平凡不过的日常活动中去领略、实践。吃饭的时候专心吃饭，睡觉的时候专心睡觉，不做他想，就是最简单、最高深，但也是最难以持续做到的事。而作诗的境界跟求道其实也非常类似。

天堂气候好，地狱伙伴多

地之秽者多生物，水之清者常无鱼。故君子当存含垢纳污之量，不可持好洁独行之操。

肮脏污秽的地方往往滋生很多生物，而极为清澈的水中反而没有鱼虾生存。所以有德的君子应该有容污纳垢的度量，不可以自命清高、孤芳自赏。

【金句解读】

马克·吐温说："天堂气候好，地狱伙伴多。"天堂如果太干净，那其实也就是个无趣的地方，反不如地狱里的喧闹有趣。有些人看似肮脏愚恶，但只有包容他们，进而亲近与理解他们，在与他们成为知交好友后，才会晓得他们的肮脏愚恶其实跟我们的洁净智善一样，都是一些或同或异的先天与后天条件造成的。唯有以"哀矜之心"接纳他们，才能改变他们，同时也改变自己。

涉世再深，也勿失纯真本性

涉世浅，点染亦浅；历事深，机械亦深。故君子与其练达，不若朴鲁；与其曲谨，不若疏狂。

一个社会阅历不多的人，受到社会习性沾染的程度也较浅；一个饱经世事的人，心机城府也会随之加深。所以君子与其处事圆滑练达，不如保持朴实的个性；与其小心谨慎、委曲求全，不如豁达疏狂、不失本性。

【金句解读】

每个人在刚踏入社会时，都有着类似的本性与心思，但随着接触的人与事不同，个人调适能力的差异，就会出现两种不同的形态：有的人变得练达圆滑，城府很深，精于算计；有的人则变得拘谨保守，不想惹麻烦，只求自保。这两种形态虽然差异很大，却都失去了纯真的本性。太练达的人如果能朴实一点，太拘谨的人如果能潇洒一点，整个社会也许就能让人感觉较为真诚与美好。

如何透露心事、展现才华

君子之心事，天青日白，不可使人不知；君子之才华，玉韫珠藏，不可使人易知。

君子的心思，像青天白日一般明朗，没有什么不可让人知道的地方；君子的才华，如美玉珍珠一般潜藏，不可以让人轻易看到。

【金句解读】

我的看法跟洪应明刚好相反。虽然说做人应光明磊落，但"事无有不可对人言"只是一个虚假的理想，大部分西方智者都坦承"没有人敢于说出他心中所有的想法"。所以，不要再夸夸其谈，尽说些令人尴尬的假话、大话和空话了。至于表现自己的才华，现代心理学的研究显示，在正常情况下，一个人应展现他当时所具备的最好能力，才能让人印象深刻；只露个一两手，却期待别人能耐心地慢慢了解自己其实十分有本事，通常会错失良机，逼人转头去另觅高手。

需要伪装欺敌、深藏不露吗

鹰立如睡，虎行似病，正是它攫人噬人手段处。故君子要聪明不露，才华不逞，才有肩鸿任钜的力量。

雄鹰站立的样子好像睡着了，老虎行走时慵懒得如生了大病，但这却是它们猎食的高明手段。所以君子要做到不显露聪明、不炫耀才华，这样才能有挑起重责大任的力量。

【金句解读】

这段话也是不太妥当。君子应该深藏不露，似乎言之成理，但除非你是世袭贵族或名声在外，否则不显露聪明、不展现才华，看起来平庸无奇，谁会给你肩挑重责大任的职位？至于学会伪装，欺骗对手，似乎也不是什么值得采用的好方法。"鹰立如睡，虎行似病"，让人想起三国时代的司马懿，但司马懿是有德的君子应该效法的好榜样吗？

对善恶的另一种观察与思考

为恶而畏人知，恶中犹有善路；为善而急人知，善处即是恶根。

一个人做了坏事而怕人知道，那表示他的恶性中还保留向善之心；一个人做了善事而急于让人知道，那表示他在做善事时已种下了恶根。

【金句解读】

孟子说"羞恶之心，人皆有之"，人做了坏事会感到羞耻而怕人知道，可以说是正常反应，但并不见得每个人都能真心忏悔，改恶向善。多数人更可能因为怕人知道而加以掩饰，且因掩饰得好而无人知晓，竟习以为常，罪恶越积越重，也越来越不觉羞耻，而终至变成一个伪君子。

为了沽名钓誉而做善事，唯恐人家不知道而到处张扬，或没有达到预期效果就不再做善事的人，则是另一种伪君子。不过比起掩饰自己罪恶的伪君子，他们是较情有可原的。

是要隐恶扬善，还是揭恶隐善

恶忌阴，善忌阳。故恶之显者祸浅，而隐者祸深；善之显者功小，而隐者功大。

坏事最忌讳的是暗中掩盖，好事最忌讳的是公开宣扬。所以坏事如果能及早被发现，灾祸就较小；如果不容易被发现，那灾祸就会较大。好事被公开宣扬，功德就较小；只有默默行善的，功德才会较大。

【金句解读】

这段话中，前部分谈到自己掩饰罪恶与宣扬善行的弊病，因而后面劝我们对别人不要"隐恶扬善"，否则如果有人已百般掩饰其罪过，而我们又替他隐瞒，那他的罪过何时才会曝光？这样祸害岂非更大？所以，我们不能替人隐恶，看到恶行就应加以揭发，让法律去制裁他。而公开表扬别人的善，多少是有益世道人心的，但如果有人行善不被表扬或无人知道，他依然能继续行善，那这的确是更大的善行。

真小人与伪君子的名利之辨

好利者，逸出于道义之外，其害显而浅；好名者，窜入于道义之中，其害隐而深。

贪求财利的人，所作所为逾越道义之外，所造成的伤害虽然明显却不深远；而贪图名声的人，所作所为却常以道义为幌子，所造成的伤害虽然不明显却很深远。

【金句解读】

公然不顾仁义道德、明目张胆地去追求财利的，是"真小人"；他们对社会的危害明显，其实也巨大而深远，说"浅"恐怕只是为了作文的对仗工整。而以仁义道德为幌子、装模作样博得名声的，则是"伪君子"；他们对社会的危害虽然隐而不显，但也是巨大而深远。"真小人"可怕而又可恨，而"伪君子"则让人觉得可耻。

冷眼观英雄，冷情看是非

权贵龙骧，英雄虎战，以冷眼视之，如蚁聚膻，如蝇竞血；是非蜂起，得失猬兴，以冷情当之，如冶化金，如汤消雪。

权贵人士像龙一样飞腾，英雄豪杰如猛虎般争战，用冷静的眼光来看，也只不过是像蚂蚁聚集在膻肉旁争食，苍蝇竞相吸血；人间的是非像群蜂涌起，得失如刺猬毛般密集，用冷静的心情来面对，就像熔炉熔炼金属，热水消融冰雪一样消失。

【金句解读】

作者的比喻似乎显得太过冷眼与冷静，我更喜欢《三国演义》的卷首语："滚滚长江东逝水，浪花淘尽英雄。是非成败转头空。青山依旧在，几度夕阳红。白发渔樵江渚上，惯看秋月春风。一壶浊酒喜相逢。古今多少事，都付笑谈中。"如果能用高旷的眼光、豁达的心胸来看人世间的英雄豪杰和是非成败，那也都不过是过眼云烟，这样也许会比较健康，也比较轻松。

万钟如瓦缶，一发似车轮

心旷，则万钟如瓦缶；心隘，则一发似车轮。

心胸宽阔，则万钟的财富就如同旧瓦破罐般没什么价值；心胸狭隘，则毫发般的小事也会被看成如车轮般重大。

【金句解读】

心胸的狭隘与宽阔并非天生，除了内在修为外，还跟个人阅历有关，小时候觉得严重得不得了的事，长大以后遇到可能会一笑置之；年轻时候觉得一万元很多，现在却觉得不过是九牛一毛。看法的改变主要来自个人阅历的增加，见多识广了，观于沧海者难为水，自然能把很多东西和事情看小看淡。

但有些看法，特别是对各种事物重要性的对比，比如金钱重要还是爱情重要？金钱、爱情、亲情、健康、自由等在自己心中各有多少比重，这就牵涉价值观的问题，它需要的不只是心胸宽阔，还有个人对自己生命意义的定位。

无过便是功，无怨便是德

处世不必邀功，无过便是功；与人不求感德，无怨便是德。

为人处世不必刻意去争取功劳，只要没有过错就算是功劳；帮助他人不必希求对方感恩图报，只要对方不怨恨自己就算是功德。

【金句解读】

"无过便是功，无怨便是德。"看似有点消极，而且标准似乎也定得太低了，但这是在强调要以"不必邀功"和"不求感德"的心态去待人处世。标准虽然定得有点低，但正可减少自己的失望，更不会因此而对他人产生不满，平白生出很多事端。

而且，因为自己无所求，不仅不会招来忌恨，别人看在眼里，可能还会对你心生感念，反而能带来额外的惊喜。

机心巧智不值得依靠

鱼网之设，鸿则罹其中；螳螂之贪，雀又乘其后。机里藏机，变外生变，智巧何足恃哉？

张网是为了捕鱼，不料鸿雁竟落在网中；贪婪的螳螂一心想捕捉蝉，从后潜至的黄雀却乘机想吃掉螳螂。可见天地之间，机巧中还藏有机巧，变化之外又生变化，人的机心巧智又怎么值得依靠呢？

【金句解读】

有人耍心机，用巧诈的方式牟取个人利益，但这通常只能得逞于一时。人们在发现他的诡计后，不是不再跟他来往，就是更费心机，用更巧诈的方式来对付他，结果陷入恶性循环。

在探讨出卖与信任何者较有利的"囚徒困境"实验里，专家发现，在两百次的交锋中，以一报还一报式的信任与合作策略对双方最有利，即你帮助我，我帮助你，互不相欠，简单明了。所以，真的是"智巧何足恃哉"。

在选择中彰显自己的价值观

市私恩，不如扶公议；结新知，不如敦旧好；立荣名，不如种隐德；尚奇节，不如谨庸行。

施恩惠来收买人心，不如在群众中用实际行动建立声望；结交新的朋友，不如敦睦旧的知己；树立荣耀的美名，不如播种隐秘的功德；追求异想天开的功绩，不如谨慎地做好日常之事。

【金句解读】

人生经常要面对很多选择，在或此或彼的选择中，一个人的选择通常代表了他的价值观。洪应明说私恩不如公议、新知不如旧好、荣名不如隐德、奇节不如庸行，这是他在比较四种不同的情况后所做出的选择。"不如"不是说前者不好，而是在衡量之后所反映出来的一种价值观，虽然看起来有点保守，却是较为稳健而让人感到心安的处世态度。

在群疑与独见、公论与私情间

毋因群疑而阻独见，毋任己意而废人言，毋私小惠而伤大体，毋借公论以快私情。

不要因为大家的怀疑就放弃个人的独特见解，也不要任凭个人的好恶而轻视别人的想法。不要因个人的私利与小惠而伤害整体利益，更不可以借助公众的舆论来满足自己的私欲。

【金句解读】

当露丝·汉德勒这位年轻的妈妈从女儿芭芭拉的儿童角色扮演游戏中得到灵感，而向美泰公司提出生产少女玩偶的构想时，遭到了所有业务人员的质疑与反对，如果不是露丝的坚持，以及公司技师和工程师的支持和帮助，那这个史上最成功的玩具产业（芭比娃娃）可能就会胎死腹中。"毋因群疑而阻独见"跟"毋任己意而废人言"其实是一体两面，不要"因小伤大""因私妨公"也是同样的道理。

伏久者飞必高，开先者谢独早

伏久者飞必高，开先者谢独早，知此，可以免蹭蹬之忧，可以消躁急之念。

长久隐伏的鸟一旦飞起来，必定能飞得高；开得越早的花，往往也会凋谢得早。明白了这个道理，就可以免去怀才不遇的忧愁，也可以消除浮躁冒进、急于求成的念头。

【金句解读】

《韩非子·喻老》："三年不翅，将以长羽翼；不飞不鸣，将以观民则。虽无飞，飞必冲天；虽无鸣，鸣必惊人。"要想飞冲天、一鸣惊人，就必须有沉潜多年的自我磨炼，耐得住不为人知的寂寞。早开的花看似拔得头筹，但也只风光一时，不只会提早凋谢，而且很可能在还未盛开时就被人摘走。

大器晚成，其实也不错。就像一坛老酒，经过岁月的酝酿、醇熟，才能越陈越香。

自得自在，不自以为高明

竞逐听人，而不嫌尽醉；恬淡适己，而不夸独醒。此释氏所谓"不为法缠，不为空缠，身心两自在"者。

任凭他人去追名逐利，但也不会对他人的醉心名利而感到不齿；过着恬静淡泊让自己感到安适的生活，但也不必夸耀什么众人皆醉我独醒。这就是佛家所说的"不被世俗道理所缠绕，也不被寂静空相所羁绊，身心都感到自在"。

【金句解读】

选择过自己喜欢的恬静淡泊的生活，也许不是很难，更难的是不要因此而认为自己的选择才是正确的、高尚的，不只拔高自己，还瞧不起其他人。别人要过什么样的生活，也是来自他们的选择，所谓"个人因果个人背"，自己除了应该给予尊重外，如果能忘了他们，忘了拿自己来和别人做比较，那身心就会更加自在。

自在，就是别人"不在"。

让一步为高，宽一分是福

处世让一步为高，退步即进步的张本；待人宽一分是福，利人实利己的根基。

为人处世要让人一步才算高明，因为今天退一步即是日后进一步的契机；待人接物要以宽人一分为福，因为给人家方便其实是日后给自己留方便的基础。

【金句解读】

这段话的前半段让人想起布袋和尚的《插秧诗》："手把青秧插满田，低头便见水中天。心地清净方为道，退步原来是向前。"谦卑地低下头，反而能看到高上的天空；宽容地退让一步，却让人能往前走得更远。

后半段让人想起《发菩提心经论》所说："自利利他，自度度他。"——帮助别人其实就是在帮助自己，度化众生就是在度化自己。这两点可以说是待人处世时的"智慧之道"。

凡事留有余地，回味无穷

事事留个有余不尽的意思，便造物不能忌我，鬼神不能损我。若业必求满，功必求盈者，不生内变，必招外忧。

做事如能留有余地，即便是造物主也不能妒忌我，鬼神也不能伤害我。如若做事必定要求圆满，功劳必须苛求十足，那即便不发生内部变乱，也必然招来外在忧患。

【金句解读】

《战国策》："'日中则移，月满则亏。'物盛则衰，天之常数也。"太阳在正午达到最高点，接着就开始向下移动；月亮在十五夜达到圆满后，也开始逐渐亏缺。这是自然的律则，无法更改，但人会观察、会反省，为了避免"亢龙有悔"，我们不仅不要凡事务必追求盈满，更应留有余地。就好像喝茶，在倒了七八分满时就要适可而止，这样才能顺利地端到嘴边，悠闲而细致地品尝，感受回味无穷。

原则要坚持，锋芒不可露

淡泊之士，必为浓艳者所疑；检饰之人，多为放肆者所忌。君子处此，固不可少变其操履，亦不可太露其锋芒。

淡泊名利的人，必然会受到热衷名利者的猜疑；俭朴谨慎的人，也常会遭受生活放纵者的忌恨。面对这种情况，君子固然不应对自己的操守稍有改变，但也不能太露锋芒。

【金句解读】

不要因为你洁身自好、与世无争，就以为所有的人都会认为你无害而喜欢你。不管你怎么做，总是会有人喜欢你，也会有人讨厌你（嫉妒或怀疑你）。我们固然不必因为想要讨人喜欢或害怕被人讨厌而扭曲自己，违背自己做人处事的原则，但也不要自我标榜、故露锋芒，公然表示对与自己不同者的不齿，由此招致无谓的嫉恨。

在过与不及间求得一个刚好

清能有容，仁能善断；明不伤察，直不过矫。是谓蜜饯不甜，海味不咸，才是懿德。

清廉而有容人的雅量，仁慈而善于做出决断，洞察一切而又不失于苛求，刚直而又不矫枉过正。这种道理就像糖浸的蜜饯却不会很甜，盐腌的海味却不会很咸一般，方是为人处世的美德。

【金句解读】

清廉、仁慈、精明、刚直都是良好的品格与行为，但再怎么好，过了头就好像太甜的蜜饯、太咸的海味，让人受不了。但洪应明所标榜的"蜜饯不甜、海味不咸"其实也有点不及，失其特色。如何在过与不及间求得一个"刚好"，就像儒家的中庸之道，才是正理。但这并非要在两个极端中间取一个点，而是一种动态的处世原则，即一种不偏颇、合乎人情与常理的中道。

不希求富贵，不与人竞争

我不希荣，何忧乎利禄之香饵？我不竞进，何畏乎世宦之危机？

如果我不希求荣华富贵，又何必担心他人用功名利禄做饵来引诱我呢？如果我不和人竞争高低，又何必害怕官场中所潜伏的危机呢？

【金句解读】

为什么捕鼠笼总是能捕捉到老鼠？因为老鼠只看到笼内诱人的食物，而不觉得打开的笼子有什么危险，结果一进笼子就被捕了，不知原本香喷喷的食物是否还有心情去品尝了。人跟老鼠不太一样，在面对功名利禄的香饵时，不是不知道里面可能潜藏着危机，但自信可以避开，结果因为低估了自己对荣华富贵的希求，还有想要在竞争中压倒别人的渴望，而越陷越深，不能自拔，反而认为功名利禄"误我一生"。其实，无须排斥功名利禄，重点是不要太热衷，看淡一点，而最好的方法就是将心力用在其他更有趣的事情上。

近之而不染，知之而不用

势利纷华，不近者为洁，近之而不染者尤洁；智械机巧，不知者为高，知之而不用者为尤高。

权势和财富使人眼花，不去接近的人是志向高洁，接近而不受其污染的人就更为品质高尚；权谋和机巧相当诱人，不知道的人是高尚的，知道了却不屑使用的人就更加高尚。

【金句解读】

不接近权势和财富，就自以为"干净"；不知道权谋机巧，就自以为"高尚"；这样的"干净"和"高尚"，其实都是可疑的、虚假的，与将头埋在沙里的鸵鸟无异。没有接受过诱惑，而且无法通过诱惑考验的人，绝不能说自己是"清白"的。也因此，我是比较赞同洪应明这句话中后半段的说法，但不是"更加干净"和"更加高尚"，而是那才算是真正的"干净"与"高尚"。

不标新立异，不绝俗求清

能脱俗便是奇，作意尚奇者，不为奇而为异；不合污便是清，绝俗求清者，不为清而为激。

能够脱离世俗就是奇异，刻意去追求奇异的人，不是奇异而是怪异；能不同流合污就是清白，断绝一切世俗去追求清白的人，不是清白而是偏激。

【金句解读】

多数人都想与众不同，能有别于凡俗大众。但脱俗的"脱"，重点是超脱、超越，也就是你能提出超越其他人的观点或做法，这才能称之为"奇"。如果不在这方面求超越，而只是在穿着、发型、谈吐这些流于表面的东西上标新立异，那只是在"搞怪"。

清白，其实也很简单，不和其他人一起做坏事就是清白，但有些人对这个没兴趣，反而是想要和世俗划清界限，什么都要跟人唱反调，这种人看似偏激，其实内心空虚得很。

才能很关键，品德更重要

德者才之主，才者德之奴。有才无德，如家无主而奴用事矣，几何不魑魅猖狂。

品德是才能的主人，才能是品德的奴仆。有才能却没有品德，就好比一个家庭中没有主人而是奴仆当家，那这个家庭怎能不被妖魔鬼怪横行为害呢？

【金句解读】

德才兼备当然是最理想的状态，但不易得。有才而无德的人如果见利忘义、假公济私，那比无才而有德者的人危害更大。问题是我们较容易看出或测得一个人是否有才，至于是否有德，却很难马上做出鉴别，只有经过长时间的观察和考验才能知道。再加上现代社会的竞争性，很多单位都标榜"唯才是用"，个人的品德越来越不受重视，如果让有才而无德的人坐上高位，那后果就很难预料。如果不想埋下祸根，对个人品德的观察和考验即使再困难，也是必需的。

兼备儒家雄心与道家气度

居轩冕之中，不可无山林的气味：处林泉之下，须要怀廊庙的经纶。

身居政职的人，不能没有山林隐士的淡泊之气；而隐居田园的人，必须要胸怀治理国家的雄心。

【金句解读】

在朝为官就要有儒家经世济民的雄心，退居田野则要有道家淡泊洒脱的气度，这是过去很多读书人的理想。洪应明更进一步指出，不管是在朝或在野，都要兼具儒家的雄心与道家的气度，只是在朝时，要以实现儒家经世济民的雄心为主，但也要有道家淡泊洒脱的气度（成功不必在我）；而在野时，虽然平日以道家淡泊洒脱的气度生活，但也不忘儒家经世济民的雄心。像这样进可攻，退可守，也不失为一种理想的处世模式。

万事随缘，也随遇而安

释氏随缘，吾儒素位，四字是渡海的浮囊。盖世路茫茫，一念求全，则万绪纷起；随遇而安，则无入不得矣。

佛家主张凡事都要顺从机缘自然发展，儒家主张凡事都要按照自己的本分去做，"随缘素位"这四个字就好像让我们安渡人生大海的救生筏。因为世路茫茫，如果什么事都要求做到尽善尽美，那必然会引起很多忧愁烦恼；如果凡事随遇而安即可，那么就处处都能悠然自得。

【金句解读】

佛家认为世间一切都因缘而生、因缘而灭，主张万事随缘，不可勉强；儒家认为凡事都要尽自己的本分，不羡慕贪求身外之物。佛家的"随缘"与儒家的"素位"其实是互通的，都希望大家不必强求圆满，能随遇而安。这才是在茫茫世路上的安身立命之道。

别人要怎么说我，随他去

饱谙世味，一任覆雨翻云，总慵开眼；会尽人情，随教呼牛唤马，只是点头。

一个人在饱尝世间的风霜滋味后，就能听任世态翻云覆雨，总懒得睁眼去看；一个人在彻底领会人情冷暖后，也可以随便他人呼牛唤马般轻视侮辱，自己只是点点头，不再动气。

【金句解读】

"偶开天眼觑红尘，可怜身是眼中人。"这是王国维一首词里的名句，因为自己是"眼中人"，才自觉"可怜"。实则，更潇洒的处世之道是"懒得开眼"，不想再看，人我两忘。"呼牛唤马"语出《庄子》，是老子对士成绮说的一段话，大意是你叫我牛我就称作牛，你叫我马我就称作马。如果我有像你所说的那样做了牛马做的事，却不愿接受，就会遭受第二次责骂；如果没有，我又何必在意？即使被骂作牛马，又何损我的高洁？我只顾做我自己，别人要怎么看、怎么说，随他去！